Wer Wein aus voller Seele kostet,
tut's, daß die Kehle nicht verrostet.
Und rostet nicht vom Wein die Kehle,
tut's ganz gewiß auch nicht die Seele.

Bernulf Bruckner

WEINKOST

Ein Büchlein aus der großen Welt
der Degustation von Wein
in amüsanter Art erzählt –
und illustriert von Gerhard Stein.

Für meine „Mütter“ – Hermine und Hildegard

2. Auflage

Satz: Ueberreuter Print und Digimedia GmbH, 2100 Korneuburg
Druck: Stiepandruck GesmbH., 2544 Leobersdorf
ISBN 3-7040-1640-3

Danke!

Ein herzliches Dankeschön ergeht an:

Gerhard Stein,
für seine großartigen, mit so viel hintergründigem Witz ausgestatteten Zeichnungen und Karikaturen (sie allein wären ein Buch für sich wert!) – er war, im wahrsten Sinne des Wortes, ein „Stein des Anstoßes“ zum vorliegenden Band;

Hans Denk, Pfarrer in Albrechtsberg,
für die vielen unvergeßlichen Erlebnisse, die ich mit ihm teilen durfte, welche letztlich den „auslösenden Funken“ für dieses Buch abgaben;

Dr. Michael Prónay,
für das wunderhübsche Vorwort und für eine ganze Reihe „vinologischer Großereignisse“, an denen ich dank seiner Unterstützung teilnehmen durfte;

meine lieben Weinfreunde aus nah und fern, sowie an die zahlreichen befreundeten Winzer, für die mir und den meinen erwiesene Gastfreundschaft. Es sind ihrer – gottlob – so viele geworden, daß der Platz nicht reicht, sie alle hier anzugeben (der eine oder andere unter ihnen wird sich allerdings im Buche wiederfinden ...);

meine liebe Traude – für alles ...

Inhalt

Zum Geleit

Lieber Ulf,

Du hast es soweit gebracht, daß ich mich in einer seltsamen Lage befinde, gemeinhin Zwickmühle geheißen, nämlich Dir einerseits eine Bitte nicht abschlagen zu können (das Vorwort zu Deinem inzwischen dritten Buch zu schreiben – wo nimmst Du nur den Fleiß her!?), andererseits aber in solchen Dingen keine wie immer geartete Übung zu besitzen. Denn, so frage ich mich, wie komme ich dazu? Daß ich im Buch erwähnt werde, und das von der naseweis-fürwitzigen Seite (auf Seite 64) und als Spanferkelspezialist (Seite 70), das kann's ja kaum sein.

Doch halt – mir ist alles klar. Auf Seite 72 werde ich explizit um Nachsicht für den Abdruck der darauffolgenden Verse gebeten. Gut, hiermit sei Dir Absolution erteilt (Hochwürden wird mir den Ausflug in seine Agenden nicht übel nehmen) – allerdings unter einer einzigen Voraussetzung: Lieber Ulf, „gepennt" wird nördlich der Rhein-Main-Linie. Bei uns wird „geschlafen". Noch ein paar solcher Teutonismen und Du schreibst Dir Deine Vorworte selber!

Der Leser, der bis hierher durchgehalten hat, mag es noch nicht gemerkt haben: in diesem Buch geht's um Wein – und darüber, daß bei allem Schmunzeln so manche tiefe Weisheit hinter dem Lächeln steckt. Das macht ihn ja so ganz und gar einzigartig unter allen Getränken. Dem Leser sei also geraten, das Buch in die Linke, ein Glas mit seinem Lieblingstropfen in die Rechte zu nehmen – und dann: Prost und viel Spaß!

Michael Prónay

Mit erlesenen Destillaten
Österreichs
Salon-Weine
1999/2000
200 ausgezeichnete Weine und Weingüter
SALON

Vorwort

„Wir nehmen nichts ernst außer den Wein." So lautete die Satzung der *Ehrbaren Mainzer Weinzunft von 1432*, und es war gleichzeitig der einzige Paragraph, zu dem sich diese originelle Weinbruderschaft bekannte.

Wein ist unzweifelhaft eine ernstzunehmende Angelegenheit. Freilich hatte und hat an seiner Seite auch der Humor seinen festgeschriebenen Platz. In der Historie des edlen Rebensaftes finden sich zahlreiche und vielfältige Beispiele dafür, wie Wein stets und untrennbar mit den heiteren Aspekten unseres Daseins verknüpft wird und wie er häufig selbst, gewissermaßen als auslösendes Moment, für eine witzige, pointierte Betrachtungsweise sorgt. Denken wir beispielsweise an die Wein-Hommagen so bedeutender Literaten, wie Johann Wolfgang von Goethe, Wilhelm Busch, Gotthold Ephraim Lessing, um nur einige zu nennen, aber auch an so manche ulkige Kellerinschrift oder an die vielen fröhlichen Trinklieder aus allen Wein produzierenden Kulturkreisen unserer Welt.

Der Wein und der Humor gehören zueinander.

Wen sollte es folglich überraschen, wenn selbst bei den seriösesten (und langatmigsten!) Verkostungen hin und wieder Heiterkeit aufblitzt, wenn es – beseelt vom nimmermüden Streben, den unterschiedlichen Kreszenzen so gerecht wie irgend möglich zu werden – des öfteren zu spaßigen, die Lachmuskeln strapazierenden Aussagen und zu unfreiwilliger Situationskomik kommt.

Davon und von den „unfehlbaren Experten" handelt dieses Buch. In unzähligen Degustationen, bei verschiedenen vinologischen Anlässen notiert und zusammengetragen, stellt es eine Art weinhumoristische, nicht allerdings immer unkritische Bestandsaufnahme dar und eine Sammlung vergnüglicher Erinnerungen, von denen ich mir wünsche, daß sie Ihnen, lieber Freund des Weines, beim Lesen ebenso viel Vergnügen bereiten möge.

Bernulf Bruckner

Kremser Wein

Das blaue Donauband, umgeben
von dichter, grüner Pracht der Reben,
von Hängen und von Weinterrassen,
von engen Gäßchen, Weinbergstraßen –
es fließt, so scheint's, an dieser Stell'
beschaulicher, nicht ganz so schnell.

Es ist, als ob, nach all den Meilen,
der Strom hier wollte selbst verweilen,
verharrend, in des Tales Stille,
erfreuend sich der Wein-Idylle,
die, an den Hügeln ausgebreitet,
des Weingenießers Herz erweitet.

Es ist der rechte Fleck zum Rasten –
wo tags der Sonne Strahlen tasten,
bis abends sie der Wald verdunkelt,
wo gold'ner Wein im Glase funkelt,
wo Muße ist und Zeitvorbei –
da wird dir Herz und Seele frei.

Zum Wohl, mein Freund! Wir sind uns eins.
Laßt uns – jetzt, wo wir voll des Weins,
so wie das Land ist voll der Reben –
in Würde unser Glas erheben:
Es muß an Krems und seinem Wein
gewiß etwas Besond'res sein...

1. Kapitel

Der „Weinpfarrer“

Laudatio

Auszug aus der Festrede zum 50. Geburtstag

Es gehört zweifellos zu den raren Augenblicken des Lebens, Menschen zu begegnen, die über eine charismatische Ausstrahlung verfügen und die durch ihr umfangreiches Wissen oder durch ihre Originalität geradezu magische Anziehungskräfte auf andere ausüben. Noch erheblich dünner gesät dürften aber jene Momente sein, die man in Gesellschaft solch faszinierender Zeitgenossen verbringen darf. Pfarrer Johann Denk, oder „Father Denk, the wine bibbing priest of Austria", wie ihn ein englischer Journalist liebevoll tituliert hat, ist so eine Persönlichkeit, und ich schätze mich glücklich, zu seinen engsten Freunden zählen zu dürfen.

Die langjährige Freundschaft brachte (und bringt) es mit sich, den Menschen Hans Denk näher kennenzulernen und eine Fülle von heiteren, vergnüglichen Erlebnissen, hauptsächlich bei Weinverkostungen (was sonst!?), mit ihm zu teilen – Anekdoten, Bonmots und Histörchen, die, in vielen Jahren zusammengetragen, als reichhaltiger Fundus für die folgenden Zeilen dienten.

Dabei ist „Bruder Johannes", wenn er in seiner kleinen niederösterreichischen Gemeinde Albrechtsberg wortgewaltig von der Kanzel predigt, zunächst einmal Priester – und das mit Leib und Seele. Seine zahlreichen Aktivitäten, beispielsweise mit den Kindern und Jugendlichen der Waldviertler Kleingemeinde in von ihm selbst initiierten Jugendgruppen, oder die über den seelsorgerischen und schulischen Bereich weit hinausgehenden Tätigkeiten – u. a. bei der Organisation und Gestaltung kirchlicher wie dörflicher Festivitäten – zeigen ihn als einen interessierten, jederzeit ansprechbaren und selber Hand anlegenden Oberhirten. Es macht für ihn kaum einen Unterschied, ob Fragen der schulischen Ausbildung anstehen oder die Verpflichtung von Musikern und Künstlern für einen besonderen Gottesdienst, ob es sich um Vorbereitungsarbeiten zum jährlichen Feuerwehr-Fest handelt oder um die Beschaffung von finanziellen Mitteln für die Renovierungs- und Instandhaltungsarbeiten an der Albrechtsberger Dorfkirche. Alles geschieht mit dem gleichen Elan und ist ihm stets ungeteiltes, persönliches Anliegen.

„So kenntnisreich sich Hochwürden in der Welt des Weins bewegt, so rastlos ist er für seine Gemeinde tätig", vermerkte der namhafte Weinpublizist A. F. Winkler vor kurzem in einem Fachblatt. Vermutlich kann unser Jubilar der Idealvorstellung, welche letztlich den Beruf zur Berufung werden läßt, so am ehesten entsprechen: etwas mit Freude zu tun, um aus dem Tun erneut Freude zu schöpfen.

Das aber ist nur die eine Seite seiner Arbeit und seines persönlichen Erfolges – die andere Hälfte findet sich in der Grundeinstellung des Geistlichen, und man lernt sie am besten, am unmittelbarsten in einem Gespräch mit ihm kennen. Es ist eine weltoffene, in vielen Fragen wie z. B. der nach anderen Religionen, tolerante und offenherzige Gesinnung, der man dieserart begegnet. Und wenn es stimmt, was man sagt, daß nämlich nur in einer großen Brust ein großes Herz zu schlagen vermag, dann ist das Herz des Hans Denk ganz offensichtlich von einem adäquaten Fassungsvermögen umgeben...

Gern denke ich an jene Zeit zurück, als ich – damals Musiker einer Kremser Jazz-Formation – den ungewöhnlichen und aufregenden „Job" erhielt, gemeinsam mit meinem Freund (und Illustrator dieses Buches) Gerhard Stein an der Uraufführung seiner „Garser Messe", einer der ersten Jazzmessen in unserem Lande, in der Pfarrkirche Gars am Kamp mitzuwirken. Der fortschrittliche, dynamische und selber Jazztrompete spielende Priester dieser Gemeinde fand natürlich unser besonderes Interesse, und er hieß, wie nicht schwer zu erraten sein wird, Hans Denk. Dieser war bereits in jungen Jahren eine hochgewachsene, stattliche Erscheinung, die, neben der überaus sympathischen Ausstrahlung, Respekt abnötigte. Nicht etwa jene Form von Respekt, die Mitmenschen mit mangelnder Selbstsicherheit ehrfürchtig zu Salz erstarren läßt. Vielmehr war es seine gewinnende, auf den anderen zugehende und sich ihm als gleichwertiger Gesprächspartner anbietende Art, der man Achtung zollte und die zutiefst beeindruckte.

Aus dem ehemaligen „Jazzpfarrer“ ist im Laufe der Zeit der „Weinpfarrer“ geworden, ein profunder Kenner der in- und ausländischen Weinszene, ein Connaisseur von hohen Graden. Und wer ihn jemals bei einer verdeckten Weinkost erlebt hat, mit welch unglaublicher Treffsicherheit er Rebsorte, Herkunft, Jahrgang und in den meisten aller Fälle auch noch den Produzenten samt der Weingartenlage „erkostet“, weiß, daß hier ein Meister seines Faches an der Arbeit ist, dessen Virtuosität – wie das absolute Gehör eines großen Musikers – von einem „absoluten Geschmack“ herrühren dürfte.

Bewundernswert ist aber auch, wie er es versteht, selbst dann Haltung zu bewahren, wenn ihm ein „Wein“ kredenzt wird, der diese Bezeichnung kaum verdient. Höflich zurückhaltende, wenn auch gezielte Formulierungen über einen „geradlinigen, gefälligen, ansprechenden, interessanten, netten, braven', artigen und unkomplizierten Tropfen“ zeugen dann vom großen Geschick, „die Kurve zu kriegen“, wenn ihn der betreffende Winzer mit großen Augen und erwartungsfroher Haltung ob seiner Aussagen anblickt.

Ganz anders dann, wenn ein wahrhaft majestätischer Wein im Glas der Entdeckung des Meisters harrt. Dann übt seine Art der Weinbeschreibung eine ungeahnte Faszination aus. Und wenn er sich für diesen oder jenen Rebensaft in unnachahmlicher Weise begeistert und die ganze Kraft seiner wohlgewählten Wortschöpfungen auch den hingebungsvoll lauschenden Zuhörer in enthusiastisches Entzücken versetzt, gleicht er beinahe selbst einem sich im Glase öffnenden Wein, zu dem es in der Weinsprache so treffend heißt: „Er geht auf wie ein Buchtelteig!“

Wie kam es nun zu dieser Entwicklung? Bloß ein paar Jährchen waren vergangen, seit der ins beschauliche Albrechtsberg (es liegt nur wenige Kilometer vom Weinbaugebiet der Wachau entfernt) gewechselte Gottesmann sein „Wein-Schlüsselerlebnis“ hatte – eine bis in den frühen Morgen dauernde Vertikalverkostung bei Winzer Franz Zottl in Weißenkirchen. Die Wirkung war derart „nachhaltig“, daß sich der Landpfarrer in zunehmender Weise mit dem edlen Rebensaft beschäftigte. Und er tat dies, vermutlich wie alles in seinem Leben, so gründlich und systematisch – darüber hinaus mit einem außergewöhnlichen Erinnerungsvermögen (Verzeihung:

*Denk*vermögen] ausgestattet – daß das Synonym vom Weinpfarrer binnen kurzem geboren war.

Heute versucht man, ihn zu den unterschiedlichsten Degustationen einzuladen. Winzer fragen ihn um Rat, in der Gastronomie hört man auf sein Wort, und selbst hochqualifizierte Weinfachleute akzeptieren ihn als Autorität. Auch die Medien haben ihn entdeckt: Rundfunk, TV, Fachzeitschriften und Zeitungen nehmen sich der Persönlichkeit von Hochwürden an und berichten in regelmäßigen Abständen über ihn und seine Aussagen zu vinologischen Themen. Und obwohl er hier ausgesprochen zurückhaltend agiert, stieg sein Bekanntheitsgrad enorm. Daß ihm das nicht immer angenehm ist, wissen allerdings nur wenige. Allzu leicht, so meint er, könne die Öffentlichkeit ein falsches Bild erhalten, könne der Eindruck entstehen, der Wein sei sein Lebensinhalt und nicht die Kirche.

Mag sein, daß er recht hat und daß es tatsächlich Menschen gibt, die in mißgünstiger Denkart zu ähnlich vertrackten Schlußfolgerungen gelangen. Daß die Wirklichkeit, wie fast immer, ganz anders aussieht, weiß eine Handvoll von Freunden, die [zum eigenen Leidwesen] immer wieder erfahren muß, wie Weinfreund Hans selbst Degustationen großer und größter Weine kurzerhand und ohne mit der Wimper zu zukken absagt, wenn seine seelsorgerischen Verpflichtungen dies erfordern. Auch wenn sie vielleicht das eine oder andere Mal aufschiebbarer Natur gewesen wären.

Mittlerweile ist der „Albrechtsberger Weinpfarrer" zum Fixstern der nationalen Weinszene aufgelaufen, zu einem nicht mehr wegzudenkenden Bestandteil der Branche, und es erhebt sich kaum mehr die Frage nach dem Wie und Warum. Fest steht, daß er zu den anerkanntesten [und zwischenzeitig auch *be*kanntesten] Weinexperten des Landes zählt und daß sich seine Ambitionen in jeder Hinsicht mit der Stellung als Vertreter der Kirche vereinbaren lassen.

Schließlich war es kein Geringerer als der Hl. Augustin, der einst in seinem Gebete die Ansicht vertrat:
„Der Geist kann nicht im Trockenen wohnen . . ."

Heitere Episoden

„Genießen ist ein Ernstnehmen der Schöpfung“
Johann Denk, Pfarrer in Albrechtsberg

Die Symbiose Kirche und Wein ist nichts Neues, sondern im Prinzip so alt wie die Kirche selbst. In den meisten klassischen Weinregionen waren es Mönche, die sich um den An- und Ausbau des Weines bemühten und dem edlen Saft der Reben – übrigens unter ausdrücklicher Genehmigung ihrer Ordensgemeinschaften – auch ausgiebig zusprachen. Verständlich, wenn die, denen das Verdienst gebührt, die Rebenkultur zu uns gebracht zu haben, auch wußten, was sie am Weine hatten und haben. Und noch einleuchtender, daß beide „Traditionen“ in unseren Tagen ihre Fortsetzung finden – was den Weinbau betrifft, in vielen vom Klerus administrierten Weingütern, was die Kommunikation um die edlen Kreszenzen angeht, durch einige wenige Auserwählte. Ganz offensichtlich vom „obersten Chef“ mit besonderen Fähigkeiten ausgestattet – Hochwürdens sensible Nase und sein begnadeter Gaumen sind sprichwörtlich – erscheint es also nicht verwunderlich, daß dieser traditionsbehaftete Konnex *Kirche und Wein* auch in den Äußerungen des Hans Denk stets von neuem seine originelle und witzige Interpretation erfährt.

Eine dafür recht bezeichnende Geschichte ereignete sich bei der Trauung des jungen Winzers und Weinbau-Ingenieurs Sepp Mantler. Mit Erstaunen und innerer Belustigung mußten er und seine Braut in der Pfarrkirche von Albrechtsberg nach dem Hochzeitszeremoniell zur Kenntnis nehmen, daß bereits im ersten Satz der Trauungsrede das Wort *Wein* vorkam.
„Die Ehe ist wie eine Cuvée von zwei guten, jedoch unterschiedlichen Weinen ...“, begann der Herr Pfarrer seine Ausführungen treffsicher.

Berühmt ist Hans Denk durch seine originelle Art von Weinbeschreibungen geworden, die sich letztlich in einer Reihe von Stichwörtern auch im *ABC der Weinsprache* niedergeschlagen haben. Ich erinnere mich allerdings mit Vergnügen an Weindegustationen, bei denen Hochwürden, nachdem er den letzten Schluck eines großen Weines genießerisch im Munde zergehen ließ, mit beinahe ehrfürchtigem Blick das leere Glas musterte und – anstatt eines seiner üblichen Statements abzugeben – ergriffen raunte:
„Da kommt Andacht auf!"

Anläßlich der zweiten Internationalen Weinmesse in Wien, der VINOVA, wurde der Weinpfarrer von den Vertretern der Markengemeinschaft „Vinea Wachau" gebeten, ein „Weinhochamt" zu zelebrieren, bei dem eine Vertikalpalette von Rieslingen des genannten Weinbaugebietes präsentiert werden sollte. Nachdem die Qualitätsunterschiede der einzelnen Kreszenzen augenfällig waren, wurde der Kommentator von einem interessierten Zuhörer nach der Existenzberechtigung solch differierender Gewächse befragt.
Die Antwort, die der Vortragende zu dieser Frage parat hatte, war ganz im Sinn des vorgegebenen Themas:
„Sehen Sie", schmunzelte der Geistliche, „mit dem Wein ist es ein bißchen ähnlich wie mit dem Hochamt. Da gibt es den Prälaten im voll erstrahlenden Ornat; dann kennt man auch, sozusagen auf der mittleren Ebene, den Diakon; zuguterletzt aber auch die kleinen Ministranten – und auch diese haben ihre Funktion!"

Unvergeßlich wird allen, die bei dieser Degustation zugegen waren, auch die Art und Weise bleiben, wie er das Geschmacksbild eines 82ers, dessen senile und austrocknende Statur unüberseh- und schmeckbar war, in seinem Bestreben, dem Wein (und vor allem dem anwesenden Hauer) nicht zu nahe zu treten, mit – „Fronleichnams-Anflügen" umschrieb.

Eine typische Denk'sche Weinansprache, spontan und voll der Anerkennung für einen besonderen Tropfen, sah folgendermaßen aus:
„Der Wein ist noch verhalten, die Nase gibt nicht viel her. Aber dahinter! Dahinter liegt unglaublich viel Substanz ... Na ja, des mag i eh, wann i dem Wein ins Glasl nochkräuln muaß!"

Wie eingangs erwähnt, wurde und wird Hochwürden häufig zu diversen Weinverkostungen eingeladen, kann diesen aber aus terminlichen Gründen nicht immer Folge leisten. Als sich vor kurzem eine ähnliche Situation ergab, beschied er dem enttäuschten Anrufer in tröstender Absicht:
„Sie müssen das verstehen, aber ich bin ja auch Priester ..."

Als dem neuen Landpfarrer die seelsorgerische Betreuung von Albrechtsberg im schönen Waldviertel übertragen wurde, blieb es nicht aus, daß man im Ort sein Trinkvermögen einer Überprüfung unterziehen wollte. Zu diesem Behufe wurde ein für seine Standfestigkeit bekanntes Gemeindemitglied ausgewählt, dessen Aufgabe es war, den jungen Geistlichen einmal – wie man unter den Einheimischen sagt – „ordentlich unter den Tisch zu saufen".
Ein Dorffest bot den passenden Rahmen dazu. Glas um Glas wurde den beiden Kontrahenten aufgetragen und von diesen auch tapfer konsumiert. Hochwürden blieb das schmähliche Tun natürlich nicht verborgen, und er stellte sich der Aufgabe mit Vehemenz und Hingabe, ja, er legte sogar „einen Gang zu" und orderte, als sein Herausforderer schon die ersten Anzeichen von Ermattung zeigte, unerbittlich Runde um Runde. So lange, bis dieser das Handtuch warf:
„Herr Pfarrer, ich geb's auf ...", waren die letzten Worte, ehe sich der Mann mühsam und unsicheren Schrittes empfahl.

Ein typischer Dialog ergab sich ein andermal während eines Anrufes in der Pfarrei:
Anrufer: „Hast du heute Zeit? Ich würde mich freuen, wenn du auf einen Sprung vorbeischauen könntest!"
Die Antwort bestand zunächst aus einem undeutlichen Murmeln, dem einzelne Wortfetzen, wie „Terminprobleme" und „bin unter Zeitdruck" zu entnehmen waren. Der Anrufer reagierte mit bedauerndem Verständnis:
„Schade, ich hätte gerade einen 66er Margaux offen . . ."
Kurze Pause. Dann die Antwort:
„Ich bin in zwanzig Minuten bei dir!"

Apropos Bordeaux – der erfahrene Weinfreund weiß, daß die roten Gewächse aus dem Bordelais zumeist des Dekantierens bedürfen, um die Trubstoffe (das sog. Depot) vor dem Einschenken vom Wein zu trennen. Der nach dem Umgießen in der Flasche verbleibende depothältige Rest wird üblicherweise beiseite gestellt bzw., im Restaurant, abserviert.
Nicht so, wenn Hochwürden sich dann und wann ein solches Fläschchen vergönnt und, zur Verblüffung des jeweiligen Sommeliers, darauf beharrt, diesen letzten Rest ebenfalls konsumieren zu wollen. Mit sichtlichem Vergnügen und unter Hinweis darauf, daß sich im Depot die meisten Vitamine befänden, wird auch dieses Säftchen ratzeputz ausgetrunken.

Bei so viel Enthusiasmus und Engagement kann es nicht ausbleiben, daß unsere Hauptfigur hin und wieder selbst zur Zielscheibe hintergründigen Spottes wird. Und seine Figur ist es auch – etwas beleibt und in jeder Beziehung „einnehmend" – die zuweilen den Anlaß für ironische Bemerkungen abgibt. Als eines Tages jemandem auffiel, daß das Denk'sche Autokennzeichen die Ziffern-Buchstabenkombination 159 l aufweist, hatte dies eine Reihe von Überlegungen zur Folge. Ob denn „159 l" ein Wunschkennzeichen sei, und, wenn ja, weshalb er ein Barrel (also 159 Liter) und nicht den Inhalt eines Barrique-Fasses (225 l) gewählt habe. Und schließlich mündete der gesamte Fragenkomplex in der Feststellung:
„Wahrscheinlich ist es das höchstzulässige Gesamtgewicht . . .!"

Bei Degustationen ist es üblich, einen „Rückgießkrug“ am Tisch zu plazieren, um den in den Gläsern verbleibenden Restwein ausleeren zu können. Anläßlich eines besonders guten Tropfens meinte Hans Denk – als er bemerkte, daß ein Teilnehmer den Inhalt seines Glases rückgießen wollte – mit leichtem Tadel in der Stimme, daß der betreffende Wein viel zu kostbar sei, um ihn wegzuschütten. Ehe er dies zulasse, würde er ihn lieber selbst trinken. Nahezu gleichzeitig und in seltener Übereinstimmung reichten ihm daraufhin die anwesenden Koster ihre Gläser, und einer von ihnen stellte despektierlich fest:
„Ach so, heute bist du der Krug!?“

Auf die Frage, welchen Wein er bei der Heiligen Wandlung auswähle und wieviel er davon zu trinken pflege, antwortete der Angesprochene, nachdem er kurz über die den Meßwein betreffenden kirchlichen Vorschriften referiert hatte:
„Nur einen ganz kleinen Schluck!“
Worauf eine befreundete Dame etwas keck erwiderte:
„Wieviele Messen hältst du denn pro Tag?“

Die Denk’sche (inoffizielle) Definition zum Thema Meßwein lautet übrigens folgendermaßen:
„Ein Meßwein soll dergestalt sein, daß, wenn er einem Besucher vorgesetzt wird, man sich seiner nicht zu schämen braucht, aber wiederum auch nicht so gut, daß die Aufmerksamkeit des Zelebranten bei der Heiligen Wandlung zu sehr abgelenkt wird!“

Und auf die Frage, was denn eigentlich die Kriterien für Meßwein seien, erhielt ein Wißbegieriger die salomonische Antwort:
„Jeder meiner Weine im Keller ist Meßwein-geeignet!“

Wie sehr er sich mit der Thematik *Wein* zu identifizieren vermag, geht auch aus einer nebensächlich hingestreuten Bemerkung über jenen eingangs apostrophierten Winzer hervor (dessen Trauung er vollzog), als er nämlich – ein wenig gedankenverloren – vom „Kollegen" Mantler redete.

Nach einer ausgiebigen Weinkost daraufhin angesprochen, nun mit dem PKW wieder in seine Pfarrgemeinde zurückkehren zu müssen, konterte der Befragte mit einem verschmitzten Lächeln:
„Ich habe meinen Führerschein vorsorglich in meinen Berufsausweis hineingelegt!"

Daß der Herr Pfarrer grundsätzlich zu den geduldigen Mitbürgern gerechnet werden darf, weiß jeder, der ihn näher kennt. Dessenungeachtet kann es vorkommen, daß selbst die schier unendliche Geduld eines Hans Denk ins Wanken gerät. So geschehen bei einem (hier ungenannt bleibenden) Winzer, der meinte, sich mit jedem seiner Weine stundenlang befassen zu müssen und eine dementsprechend langatmige (und langweilige) Kostfolge verursachte.
Nachdem die Degustationsteilnehmer wieder einmal nahezu eine Stunde auf den kommenden Wein warten mußten, hörte man plötzlich von draußen – im Raume herrschte ja betretenes Schweigen –, wie sich jemand (es war die Winzersgattin) an einer Flasche zu schaffen machte.
Und in die gähnende Stille hinein erscholl Hochwürdens befreiende Feststellung:
„Aaahh, da knirscht ja schon die nächste Flasche!"

Eine kurze, jedoch überaus bezeichnende Episode ereignete sich bei einem Langenloiser Winzer, als dieser am Ende einer ausgiebigen Kostserie verkündete:
„Das war der letzte Weißwein!" (Gemeint war lediglich der letzte einer Kostfolge.)
Darauf Hans Denk, vom Wort „letzte" offensichtlich hochgradig sensibilisiert:
„Ui je!!!"

Seine Weinbeschreibungen sind vom Feinsten, seine Formulierungen gekonnt auf das Wesentliche gerichtet. Es ist zweifelsfrei für jeden Weinfreund ein Erlebnis, dem berühmten Connaisseur zu lauschen, wenn er, eloquent und kompetent, etwas zum Weine zu sagen hat. Und bemerkenswert sind auch die Reaktionen, die er bei seinen Zuhörern auszulösen vermag.
So sinnierte der Langenloiser Winzer Rudolf Leithner eines Abends, nachdem er höchstes Denk'sches Lob über einen jungen Riesling empfangen hatte – „unglaublich vielschichtiger, nuancierter und fruchtcharmanter Wein, mit herrlichem Spiel, feiner, seidiger Struktur", usw., usw. – leise vor sich hin:
„Da muß sich der Wein aber schon anstrengen, daß er dazu paßt!"

Beim gleichen Weinhauer passierte es, daß, nach einer ausführlichen und mitreißenden Weinbeschreibung – Hochwürden war an diesem Tag in besonderer Form – ein Besucher begeistert ausrief:
„Wann er no zwa Minuten weiter g'redt hätt', hätt' i's Glasl a mitg'fressen!"

Vinologische Grundkenntnisse und Kosterfahrung waren in einer Veranstaltung gefordert, bei welcher Winzer, Önologen und Fachjournalisten in Theorie und Praxis zum Thema Wein befragt wurden. Hans Denk, zum erstenmal an diesem jährlich stattfindenden Weinquiz teilnehmend, errang auf Anhieb den 1. Platz und damit die Hochachtung der anwesenden Experten. Der junge Grabner-Schierer vom gleichnamigen Weingut faßte die allgemeine Stimmung in einem einzigen Satz zusammen:
„Wissen Sie, Herr Pfarrer, ich hab geglaubt, Sie sind so ein künstliches Geschöpf vom Dr. Romé (Herausgeber des FALSTAFF-Magazins), aber wie Sie heute alle Sorten erkostet und alles gewußt haben, bin ich eines besseren belehrt worden!"

Von einem Schrecken in den andern fiel unser Weinfreund, als – im Zuge von Fernsehaufzeichnungen in einem Schloß im Waldviertel – die Hausherrin ihren Gästen einen *Lambrusco* der einfachsten Machart servierte und meinte, damit den Anwesenden eine Freude zu bereiten.
Zur maßlosen Verblüffung des Fachmannes sagte der Wein einer ORF-Redakteurin tatsächlich zu („So einen guten Tropfen habe ich noch nie getrunken!"), und als auch der Kameramann lautstark beipflichtete („Das ist der beste Wein meines Lebens!"), war es um die Fassung des Weinexperten geschehen. Er schwieg, zutiefst betroffen und verunsichert.
Just in diesem Augenblick raunte ihm der Schloßherr ein paar Worte zu, die die aufgestauten Zweifel allerdings schlagartig in Wohlgefallen auflösten:
„Ich weiß nicht, Hochwürden", murmelte er kopfschüttelnd, „was finden die Leute nur an diesem dünnen roten Wässerchen?"

Ein junger Weinliebhaber, der zum erstenmal den „kirchlichen Weinkeller" inspizieren durfte, sprach dortselbst den Grünen Veltlinern in augenscheinlichem Maße zu. Auf diesen Umstand hin befragt, erklärte der Wein-Adept, daß er nur Grünen Veltliner schätze und andere Rebsorten, wie beispielsweise Riesling, vollkommen ablehne. Dieser Herausforderung konnte der Gastgeber natürlich nicht widerstehen, und er öffnete einen Riesling des kleinen aber feinen Jahrgangs 1985 vom Weingut Jamek – ein wunderschöner, komplexer Wein.
Als der in seinen Ansichten etwas einseitig orientierte Gast die Edelkreszenz kostete, war ihm die Überraschung von den Augen abzulesen, und nach einem weiteren vorsichtigen Schluck meinte er kleinlaut:
„Na, wenn das so ist, dann trinke ich in Zukunft auch öfters Rieslinge. Aber Rotwein", beeilte er sich hinzuzufügen, „Rotwein mag ich überhaupt nicht!"
Ohne mit der Wimper zu zucken, nahm der „Kellermeister" diese Aussage zur Kenntnis und goß seinem jungen Weinfreund einen roten Bordeaux ins Glas:
„Haut-Marbuzet, 1982", lautete der Kurzkommentar des Einschenkenden. Die darauffolgende „Bekehrung" seines Gastes war eine so gründliche und endgültige, daß man von seinen Ansichten seither nie mehr etwas gehört hat.

Bei einem Heurigenbetrieb in Dürnstein – der Winzer möge hier ungenannt bleiben – fiel den Verkostungsteilnehmern die äußerst mäßige Qualität der gereichten Weine auf, und Hans Denk wies in ebenso maßvollen Worten auf den Umstand hin, daß die hauseigenen Gewächse doch etwas einfach gestrickt seien.
Der Weinhauer, der den berühmten Connaisseur nicht erkannte, fühlte sich daraufhin bemüßigt zu hinterfragen:
„Woher kommen Sie denn überhaupt?"
„Aus dem Waldviertel", erwiderte sein Gegenüber wahrheitsgemäß.
Das wiederum ließ den Winzer in hämisches Lachen verfallen:
„Ha, ha, a Waldviertler, der will was vom Wein verstehn!"

Im gleichen Städtchen in der Wachau begab es sich auch, daß eine im malerischen Schloßhotel tafelnde Delegation von Gästen aus dem östlichen Ausland die Bitte nach einem typischen österreichischen Riesling äußerte, von dem sie schon so viel Gutes gehört hätte. Dem Ersuchen wurde auch prompt, allerdings in Form eines 87ers, eines kleinen Jahrgangs, entsprochen. Die Reaktion auf diesen „Härtling" war erwartungsgemäß zurückhaltend, und die enttäuschten Gäste orderten eine zweite Flasche eines anderen Rieslings.
Der zufällig am Nebentisch schmausende Pfarrer Denk mußte zu seiner Bestürzung mit ansehen, wie der Sommelier des Hauses erneut eine Flasche des gleichen Jahrgangs brachte, und so bestellte er, nachdem sich die Gästeschar bereits resignierend vom „österreichischen Riesling" abgewendet hatte, auf eigene Rechnung eine Bouteille des großen Jahrgangs 1986 – einen Riesling der *Freien Weingärtner Wachau* aus der Spitzenlage *Achleiten*.
Was unter der Gästerunde große Begeisterung hervorrief und diese veranlaßte, den fremden und derart weinverständigen Gast spontan an den Tisch zu bitten. Der noch unerfahrene Sommelier des Restaurants aber mußte in der Folge eine Anzahl von Spitzenweinen servieren, wie er sie in dieser Menge und in so kurzer Zeit wohl noch nie zuvor verkauft hatte.

Es war vor einigen Jahren. Vorgestellt wurde den ins *Weinkolleg Kloster Und* geladenen 300 Gästen eine Auswahl der „Landessieger“, welche allesamt in den sogenannten *Salon österreichischer Wein* gekürt wurden. In der Rebsorten-Kategorie *Rheinriesling* fiel die Wahl auf einen zwar sortentypischen, jedoch außergewöhnlich vordergründigen, „lauten“ Wein von rustikaler Art, der die (gerade bei diesem Gewächs erwartete und auch häufig anzutreffende) Finesse und Vielschichtigkeit vermissen ließ.
Als der Wein in die Gläser gefüllt war und der mit der Präsentation aller Proben betraute Kommentator von einem Super-Riesling sprach, war unser Wein-Connaisseur so entgeistert, daß er seinen Tischnachbarn laut und für alle vernehmlich zurief:
„Meint er das ernst oder zynisch?“
Nun, er meinte es ernst ...

Nach einer in jeder Hinsicht üppig verlaufenen Weinkost waren einige der Teilnehmer ins Sinnieren geraten. Man diskutierte über die allzu seltenen Mußestunden und darüber, diese in meditativer Weise, beispielsweise bei guter Musik und einem Glas ebensolchen Weins zu verbringen.
„Ich könnte mir vorstellen“, überlegte der Herr Pfarrer, „wenn ich heute nach Hause komme, den Tag mit einem Glaserl Wein sanft ausklingen zu lassen!“
Mit einem erstaunten Seitenblick auf die unüberschaubare Zahl leerer Gläser, erwiderte ein junger Weinfreund:
„I glaub’, wann i heut heim komm’, bring i kan anzigen Schluck mehr obi!“

Als der weinverständige Oberhirte eines Tages mit zwei Freunden aus seiner Pfarrgemeinde das Areal der Weinmesse in Wien betrat, ging ein kurzes Raunen durch die anwesenden Aussteller:
„Schaut’s einmal, da kommt der Pfarrer mit seinen Ministranten!“.

In sein hübsches und gediegenes Restaurant hatte der Inhaber des Hauses eingeladen, zu einer Degustation italienischer Top-Kreszenzen. Mit dabei war die Gattin eines befreundeten Winzers, die an diesem Abend wohl ein wenig zu reichlich Parfüm aufgetragen hatte und somit für eine zwar wohlriechende, jedoch alles übertönende Duftwolke sorgte. Sehr zum Mißfallen des Hausherrn, der sich nicht anders zu helfen wußte, als den ebenfalls anwesenden Weinpfarrer um eine diskrete Intervention zu bitten:
„Sag ihr bitte, sie soll sich von oben bis unten gründlich waschen, sonst kann ich die Weinkost vergessen!", flüsterte er verärgert seinem Tischnachbarn zu.
Dieser entledigte sich der unangenehmen Aufgabe (wohl auch in Anbetracht der zahlreichen zur Verkostung bereitstehenden „Weingranaten"), indem er die betreffende Dame leise, aber ohne Umschweife zur „Duftminimierung" aufforderte. Worauf jene, bis tief unter die Haarwurzeln errötend, für einige Minuten entschwand.
Die Weinkost war gerettet.
(Allerdings: Weinproben im Gut der charmanten Winzersgattin sind nach wie vor, im wahrsten Sinn des Wortes, *atemberaubend...*)

Zuguterletzt möchte ich mit einer kleinen Geschichte aufwarten, die nichts mit Wein zu tun hat. Sie hängt vielmehr mit der Tätigkeit unseres Hauptakteurs als Religionslehrer zusammen und wurde mir von ihm selbst erzählt.
In einer Unterrichtsstunde, in der der Herr Professor über das Tierreich innerhalb der göttlichen Weltordnung referierte, stellte er die Frage, um welches Lebewesen es sich wohl handle: Es sei sehr possierlich, hüpfe von Ast zu Ast und besäße einen langen, buschigen Schweif. Nach den ersten Augenblicken nachdenklicher Stille und einer weiteren Aufforderung – „Na, weiß es denn niemand?" – hob ein kleiner Naseweis seine Hand und meinte, ein wenig unwirsch und in markantem Waldviertler Dialekt:
„Normalerweis tat i sog'n, des is a Oachkatzl, oba so wia i eichern Verein kenn, iss' bestimmt des liabe Jesulein!"

Denk-

Anstoß

Die dieses Kapitel einleitende Laudatio, zu Ehren des Geburtstagskindes an seinem 50. Festtag gehalten, beschloß ich mit einem Gedicht, welches – so versicherte mir der Jubilar im Anschluß an den Vortrag – inhaltlich klar erkennen ließ, weshalb Vierzeiler dieser Art auch „Knüppelverse" genannt werden. Und er unterstrich die Aussage durch seinen belustigten und gleichzeitig ein wenig gequält wirkenden Gesichtsausdruck.

Nun, ich will zugeben, daß einzelne Abschnitte von jemandem, der mit den Zusammenhängen nicht so vertraut war, mißverstanden werden konnten. Noch dazu, wo ich mir in der Auslegung mancher Ereignisse doch einiges an „dichterischer Freiheit" herausgenommen hatte. Andererseits wurde mir am Ende der Rede so viel an fröhlicher Zustimmung zuteil – vor allem auch seitens des Jubilars – daß ich die Reime dem geneigten Leser nicht vorenthalten möchte.

Für Hans

In Englands größtem Magazin,
da stand vor kurzem erst darin,
daß man, wo Kochkunst wird verkündet,
daselbst auch den Herrn Pfarrer findet.

Sein Weinverstand, wie sich's geziemt,
der wurde ebenfalls gerühmt,
mit „Father Johann Denk, who is
the Austrians wine bibbing priest!"

Wie hat er, fragt man intressiert,
dermaßen rasch sich profiliert?
Gewiß, die Antwort fällt nicht schwer:
Jahrzehntelang trainierte er!

Und zu des Weinverkostens Freud'
gesellte sich *Standfestigkeit.*
(Vermutlich wurzelt diese Tugend
in seiner wahrhaft ewgen Jugend.)

Nun kennt bei ihm, trotz fünfzig Lenzen,
die Hilfsbereitschaft keine Grenzen,
und er ist hilfreich dann zugegen,
wird überschätzt das Stehvermögen.

So einer wirklich mit ihm mithält
und all die Gläser nicht mehr mitzählt
und sich am End' bemüßigt fühlt:
„Jetzt wird noch Whisky nachgespült",

samt hinterlistigem Gedanken:
„Ich bring Hochwürden noch ins Wanken",
ja, dem passiert, was einst geschah:
Der Mann fiel, eh er sich's versah,

mit seinem „Whisky on the rockerl"
und einem Plumps vom „Roden-Stockerl".
Die weitre Unterhaltung schwänzt' er,
denn er war ziemlich weg vom Fenster.

Nur Hans war hilfsbereit wie immer,
er nahm den Armen in sein Zimmer
und trug behutsam ihn zu Bette.
(*Der* weiß nichts mehr davon, ich wette!)

In Hilfsbereitschaft zu verbleiben,
kann man jedoch auch übertreiben.
Geschehen so im letzten Jahr,
als unser aller Jubilar,

weil Nächstenliebe er verspürte,
sich einen Sandler einquartierte.
Der wohnte just dann über'm Keller,
der unversperrt war – welch ein Fehler!

Der Sandler-Gast benahm sich mies:
Zielsicher hat er, und präzis,
die F. X. Pichler ausgesoffen.
Da war der Hans zutiefst betroffen!

Nun, wo die Flaschen ausgeleert,
ist alles wieder zugesperrt
und wird nur selten aufgemacht.
(Zumeist in einer Vollmondnacht,

weil er grundsätzlich Wert drauf legt,
daß Wein bei Vollmond besser schmeckt.)
Nun denn, mein Freund, wir finden's toll
und gehn zu Dir – der Mond ist voll!

Dort trinken wir, sonst gibt es Ärger,
nicht nur vom Pichler, auch Hirtzberger,
und dezimieren Deinen Keller
so wie der Sandler – höchstens schneller!

Daß Wein für ihn bedeutend ist,
ja, gradezu verleitend ist,
erkennt man an den *Denk*-Hommagen
und auch an folgenden Passagen.

Da kam Klaus Wagners*) Sommelier,
der Fohringer, auf die Idee,
für's jüngste Kind, der Taufe Segen
in unsres Pfarrers Hand zu legen.

Der sagte „ja", doch sei es richtig
und für die Taufe äußerst wichtig,
zuvor ein Taufgespräch zu führen,
um ihn korrekt zu instruieren.

„Wir kosten auch ein bißchen Wein",
so lud der Hans den Weinfreund ein.
Zum Taufgespräche kam es schon,
doch fehlte die Instruktion,

denn eine Flasche nach der andern
ließ man von links nach rechtens wandern,
und statt der Rede um das Täufnis
entstand ein mächtiges Besäufnis.

Am nächsten Tag (mit einem Kater),
da sagte sich der junge Vater:
„Klappt's einmal nicht, ist's auch egal,
versuch ich's eben noch einmal!"

Jedoch, nach weitren „Taufgesprächen",
nach Leber-, Magen-, Darm-Wehwehchen,
hat Hubert lediglich gelernt,
wie man den Weinvorrat entfernt.

Es kam, so wie es kommen mußte:
Es kam die Taufe, die bewußte,
der Hubert kam, samt Frau und Kind,
und auch der Pfarrer kam geschwind.

*) Klaus Wagner ist Patron des Restaurants „Landhaus Wagner-Bacher" in Mautern a. d. Donau, in dem seine Gattin, „die Lisl", wie sie von ihren Gästen liebevoll genannt wird, eine Drei-Hauben-Küche zelebriert.

Dann, bei der Taufe, vor'm Altar,
da fragte unser Jubilar:
„Du weißt ja, was du sagen mußt!?“ –
Der Fohringer hat nix gewußt.

Da war der Hans zunächst ganz fertig,
um schließlich, geistesgegenwärtig,
dem Freunde zuzuflüstern, schwach:
„Dann sprich mir laut und deutlich nach . . .“

Zuguterletzt kommt es gelegen,
sein legendäres Stehvermögen –
und niemand kann ihm darin gleichen –
ein weit'res Mal hervorzustreichen:

Wenn andere schon längst gegangen,
hat's meist für ihn erst angefangen,
im Wissen um den Hochgenuß
des letzten Weins – der kommt zum Schluß.

Das Ende klingt so wie im Märchen:

Es war einmal, vor vielen Jährchen,
da saß der Pfarrer Denk beim Wein
und saß schlußendlich ganz allein.

Und wenn die Gurgel ihm nicht rostet,
dann sitzt er heut noch dort und kostet . . .

2. Kapitel

Aus dem Verkostungsalltag

Das größte psychologische Problem eines erfahrenen und wirklich guten Kosters ist es, mit zunehmender Praxis und Kostsicherheit soviel an Zustimmung durch weniger Geübte zu erfahren, daß er in ebenso zunehmendem Maße vergißt, wie sehr er sich – nach wie vor – irren kann.

Gedanken in eigener Sache

Ungefähr dreitausend Proben sind es jährlich. So oft nippe ich von einem mit Wein gefüllten Glas, prüfe den Inhalt gewissenhaft auf Aussehen, Geruch und Geschmack, um anschließend ein paar „gescheite Bemerkungen" (zuweilen sind sie von erstaunlicher Einfallslosigkeit) auf ein Blatt Papier zu kritzeln und ein paar Bewertungspünktchen mehr oder weniger zu vergeben.

3000 mal im Jahr heißt im Durchschnitt nahezu neun Weine täglich, und das wiederum ist ein Wert, mit dem mich die Mehrheit meiner Freunde und Bekannten zu den Berufstrinkern rechnet, auch wenn ich noch so oft (und glaubhaft, wie ich meine) versichere, keinerlei Alkoholprobleme zu kennen und dieserart Verkostungstätigkeit häufig als eine mit erheblicher Konzentration zu verrichtende Arbeit empfinde. Dabei ist es doch relativ einfach und, so wie in allen Lebensbereichen, auch und gerade beim Wein: Qualität und Quantität schließen einander aus, folglich ist das Kosten und Genießen edler Weine in kleinen Mengen der Feind des Suffs – und umgekehrt.

Diese Denkweise ist andererseits nicht unproblematisch. Auf der steten Suche nach Besserem, Feinerem, Raffinierterem, dient man sich qualitativ immer weiter empor und gerät nur allzu leicht in Versuchung, auf gutes Mittelmaß mit Hochmut herabzublicken. Man lernt zu verstehen, weshalb Weinpreise unermeßliche (und vor allem unerschwingliche) Höhen erklimmen, und man registriert dabei, nicht ohne Besorgnis, die zunehmende Ebbe in der eigenen Brieftasche. Allerdings: nur wer eigene Erfahrungen sammeln kann, wie sich zum Beispiel Qualität und Reisekomfort einer großen Limousine von den Fahreigenschaften des City-Wägelchens unterscheiden, ist auch in der Lage, einigermaßen objektive Vergleiche anzustellen (was bei Gott nicht heißen soll, daß man sich im Kleinstfahrzeug nicht wohlfühlen könne!). Ebenso ist die zumindest fragmentarische Bekanntschaft mit den großen Weinen unserer Welt eine Voraussetzung für die objektive und faire Beurteilung der sehr guten und „nur" guten Weine, die selbstverständlich ebenfalls Freude bereiten können.

Damit ich nicht falsch verstanden werde: Ich rede hier nicht dem Luxus das Wort, sondern ausschließlich der Notwendigkeit zum Vergleichen. Es genügt eben nicht, ein paar bessere Rotweine aus, sagen wir burgenländischen Rieden zu kennen, um beispielsweise spanische Vino tintos zu bewerten. Und wer sich anmaßt, einen Spätburgunder aus dem Weinviertel zu kritisieren, muß wissen, welche Qualität die Rebsorte im Burgund bringt, was die Kalifornier daraus machen und wie es um Weine aus dieser Traube in italienischen Gefilden bestellt ist. Erst wenn einer erfahren hat, welch himmelweiter Unterschied zwischen einem rassigen, noblen und fruchtexpressiven Riesling aus der Wachau und seinem weichen, breit und alkoholisch geratenen Vetter aus Übersee bestehen kann, was die Grazie und Subtilität, die verführerische Tiefe und das Geschmacksspiel manch burgenländischer Prädikatsweine ausmacht und wie und wodurch sich die großen Rotweine Frankreichs von anderen unterscheiden, wird er in der Lage sein, den Blauburger seines Nachbarn richtig einzuschätzen.

Warum schreibe ich das alles? Weil, lieber Leser, es noch immer zahlreiche Menschen gibt, die sich – jeden Vergleich scheuend – beim Wein mit Schund begnügen, ihre dünnen, ausdrucksschwachen und säuerlichen, dafür aber „billigen“ (nicht etwa preiswerten!) Säfte achtlos in sich hinein zu schütten pflegen, obwohl sie sich andererseits durchaus den „Luxus“ eines großräumigen, PS-starken Automobils oder einer Fernreise zu irgendwelchen exotischen Destinationen leisten und auch leisten können. Die hundert Schilling aber für eine Bouteille guten Weines sind ihnen zu teuer. Schlimmer noch: der Weinjournalist, der bei einem vorbildlichen Gewächs dieser Kategorie von einem ebensolchen Preis-Leistungsverhältnis schwärmt, wird nicht für voll genommen. Man bleibt beim Billigprodukt und schimpft auf den Nachbarn, der „so viel Geld ausgibt und dabei nichts vom Wein versteht“, genauso wenig wie jene Schreiberlinge, die da teure Weine hochloben, ohne den „guten Hauswein“, dem man nun schon seit Jahren zuspricht, irgendwann einmal entsprechend gewürdigt zu haben ...

Es ist mir bewußt, daß Sie, verehrter Weinfreund, nicht zu jener Spezies von Zeitgenossen zählen – allein der Kauf dieses Buches beweist das Gegenteil. Und ich meine auch nicht, daß nun jeder seine Brieftasche zu zücken hätte, um sich ein paar Kisten ausgewählten Weines um teures Geld zu sichern. Was mich bewegt und worauf ich hinaus will, hängt, wie ich meine, mit Grundlegenderem zusammen und müßte, wenn es nach der Gesinnung aller wahren Weinliebhaber ginge, wohl auch die Quintessenz jeder Begegnung mit Wein sein: die Befähigung zu erlangen, *Qualität* als solche zu erkennen. Was bei vielen Dingen des täglichen Lebens prächtig funktioniert, ist – so scheint es – beim Rebensaft keine Selbstverständlichkeit. Meeresfrischer Fisch, und daran besteht kein Zweifel, schmeckt besser als tiefgefrorener aus dem Kühlschrank. Ob man sich den Mehraufwand dafür leisten mag, ist eine andere Sache, doch niemand, der von beidem gekostet hat, wird die Richtigkeit der Aussage bestreiten. Hier wird der Qualitätsunterschied, weil leicht nachvollziehbar, von jedermann erkannt und gewürdigt.

Worin aber bestehen die Unterschiede zwischen Gewächsen der „guten Mitte" und jenen höchst durchschnittlichen Weinen der untersten Preisklassen? Woran liegt es, daß beim Degustieren eines großen Weines dem Koster wohltuende Schauer den Rücken hinunterlaufen? Das Wahrnehmen höchster Höhen – sozusagen der Weinperfektion – aber auch das Erkennen von Mittelmäßigem, bis hinab zum leider zuweilen inferioren Substandard, sind unabdingbare Voraussetzungen für eine faire und kompetente Qualitätsbeurteilung. Das verständige Ausloten sämtlicher Sinne, das behutsame Herantasten an Geruchs- und Geschmackserlebnisse der besonderen Art – sie bilden darüber hinaus jene Kriterien, die einem, nach längerem aber überaus vergnüglichem Lernprozeß, auch die Fähigkeit des Unterscheidens und des ungetrübten Genießens bescheren.

Dazu ist es gewiß nicht erforderlich, große Geldmittel locker zu machen. Alles, was einzubringen ist – freilich als Conditio sine qua non – ist die Bereitschaft, ein wenig hinzu zu lernen. Richtiges Genießen will gelernt sein, eine Tatsache, über die sich nicht streiten läßt. Der Lohn dafür allerdings ist unbeschreiblich und macht, auch bei 3000 Proben jährlich, immer noch unendlich viel Spaß ...

Weinkennerschaft

Eine pointierte Abfolge von Erklärungen ergab sich eines Tages anläßlich einer von meinen lieben Freunden Gerhard und Evelin Morawetz ausgerichteten Weinprobe. Um die Geschichte ein wenig prononcierter wiedergeben zu können, habe ich dafür die Versform gewählt, versichere jedoch, daß jede einzelne der darin enthaltenen Aussagen in dieser Weise getroffen und weder etwas hinzugefügt noch weggelassen wurde.

Weine zu kosten und prüfen, ist – auch was die Häufigkeit von Irrtümern angeht – eine zutiefst menschliche Beschäftigung. Das folgende Gedicht erscheint dazu angetan, mit dem Nimbus der Unfehlbarkeit, der so manchem „Connaisseur“ vorauseilt, ein für allemal aufzuräumen. Aus diesem Grund steht es am Anfang des Kapitels.

Drei Gläser stehen auf dem Tisch
zur Urteilsfindung der Experten,
doch die sind nicht mehr allzu frisch,
weil sie schon stundenlang bewerten.

Man führt die Kelche an den Mund
und schlürft den Saft, nicht ungenüßlich;
da tut sich plötzlich einer kund:
„Ich find's zu leicht, es ist verdrießlich,

ich irr' mich auch ganz sicher nicht –
im ersten Glas ist Riesling-Wein!"
Ein andrer Koster widerspricht:
„Der Riesling muß im dritten sein!"

Da meint ein weitrer an der Tafel:
„Vertrauet auf mein Augenmaß!
Was ihr da redet, ist Geschwafel,
der Riesling ist im zweiten Glas!"

Der Vierte wollte eben gehn,
doch nun versichert er geschwind:
„Ich find's bewundernswert und schön,
wie wir uns wieder einig sind!"

Der fünfte Mann zum Thema Wein,
der eben am Buffet für drei ißt,
meint mampfend: „Jetzt kann's nur noch sein,
daß gar kein Riesling-Wein dabei ist!"

„Ich sag' es ja, unzweifelhaft",
sinniert der sechste Herr vom Fache,
„so etwas wie Weinkennerschaft
ist schon a schöne Sache ...!"

Nachsatz:
Schön war'n die Weine alle drei,
nur Riesling war halt nicht dabei ...

Barriquomania*)

Irgendwann hat man erkannt,
daß der Rotwein hierzuland,
wenn die Augen man bedeckte,
ganz so wie der Weiße schmeckte.

Schuld daran war, wie ich meine,
daß es für die roten Weine,
was den Ausbau anbelangte,
an der Wein-Fachkenntnis krankte.

Zwischen weißem, rotem Saft
machte unsre Hauerschaft
auch beim Anbau, in der Riede,
früher wenig Unterschiede.

Ja, man pflanzte Rotweinreben,
wo sich fand ein Plätzchen eben,
wo man ohnehin nicht wußte,
was man auf der kargen Kruste

andres hätte setzen sollen
(doch vielleicht Kartoffelknollen?!).
Das Ergebnis war entsprechend:
in der Qualität sich rächend,

fanden sich im Weingeschäfte
wäßrig-dünne rote Säfte.
Deren Preisniveau war einzig –
Doppelliter: 19,90!

*) Barriques nennt man die aus Frankreich stammenden kleinen Fässer (mit einem Inhalt von 225 l) aus ausgesuchten Eichenhölzern, die ihre Gerbstoffe („Tannine") im Verlauf der Faßlagerung an den Wein abgeben. Sie sind einerseits für den weiteren Reifeprozeß von Bedeutung, bieten aber auch – bei entsprechender Weinqualität und passender Rebsorte – eine willkommene geschmackliche Ergänzung.

Freilich, just in dem Regal
stand schon anno dazumal
eine Reihe roter Weine
„aus Bordeaux, besonders feine“,

die im Preis erkennen ließen,
wo des Kenners Gelder fließen.
Nun, es liegt wohl das Geheimnis,
daß grad’ dieser Wein so fein ist,

in der Lösung all der Fragen
nach den Reben und den Lagen,
und beim Ausbau im Geschick
mit dem Einsatz des Barrique.

Außerdem gilt’s zu bedenken,
beim Ertrag sich zu beschränken,
denn, wie jedermann versteht,
ist die Ausgangsqualität

für die weit’re Weinbereitung
von entscheidender Bedeutung.
Nur wenn *alles* das geschieht,
ob im Faß, ob in der Ried,

wird das Qualitätsniveau
eines guten „Cru Bordeaux“
(und das ist bestimmt nicht leicht)
auch bei uns einmal erreicht.

Dumm ist nur, daß manche glauben,
wichtig seien nicht die Trauben
und auch nicht die Erntemenge –
nein, sie meinen, es gelänge,

dünnen Wein (das ist ihr Trick)
auszubauen im Barrique
und sodann, nebst andren Dingen,
teuer an den Mann zu bringen.

Diesen Pfuschern sei gesagt,
daß Ihr Euch vergebens plagt!

Schreibt es groß ins Pflichtenheftchen:
Niemals wird aus solchen Säftchen

auch nur im entferntesten
guter Wein! So lernt es denn:
Dünn bleibt dünn, und jeder Liter
im Barrique wird höchstens bitter!!

Ebenfalls nicht ungefährlich
sind, gottlob derzeit noch spärlich,
die Versuche, auch die Weißen
in das kleine Faß zu schmeißen.

Dieses paßt zum Chardonnay
(andren Sorten tut es weh)
und ist, wie bei vielen Trenden,
nur behutsam anzuwenden.

Allzu leicht entsteht, als Norm,
ein Geschmacksbild, uniform,
wo bloß eins verloren geht:
Individualität.

Die ist aber, wie bekannt,
für den Wein sehr relevant,
denn es ist niemandes Wille,
schmeckte alles nach Vanille,

wär' der Sortentyp entrückt,
weil vom Eichenholz erdrückt.
Hier sich selbst zu überwinden,
um das rechte Maß zu finden,

sei dem Winzer nicht nur Richtung,
sondern eherne Verpflichtung.
Denn nicht jeder Wein wird besser,
legt man ihn in neue Fässer!

Markengemeinschaft

*oder: Wie eine Weinsiegelmarke entsteht**)*

Durch den Spalt vom Hinterzimmer
blinzelt bläulich blaß ein Schimmer,
dringt ein gutturales Schnaufen ...
„Hören die nicht auf zu saufen!?

Ach, es ist wohl keine Frage,
die sind eine Riesenplage!",
denkt der Wirt verzweifelt bei sich;
immerhin ist's null Uhr dreißig.

Doch im Nebenraum die Gäste
schmatzen, schlürfen, spucken feste,
bechern, trinken, schütten Wein
pausenlos in sich hinein,

sitzen da partout zusammen,
denn man sucht nach einem Namen,
daß des Weines Qualität
auch am Markt nicht untergeht.

„Schließlich macht es die Wachau so,
folglich machen wir's genau so,
und, was dort gelangt in Fässer,
gibt's bei uns schon längst – und besser!"

Weiter leert man Flasch um Flasche,
und der Wirt verfällt zu Asche,
(„Weißt du, das Wort *Gastwirtschaft*
kommt von: *wenn der Gastwirt schafft...*")

*) Jede Ähnlichkeit mit entsprechenden Vereinen oder Institutionen wäre rein zufällig und nur dann als beabsichtigt anzusehen, wenn die geschilderten Umstände in dieser Form auch tatsächlich zuträfen (was vom Verfasser selbstverständlich in keiner Weise angenommen wird).

bis man irgendwann am End' is',
angelangt bei der Erkenntnis,
daß es gilt, sich a) zu schützen,
b), den Zug der Zeit zu nützen.

Etikett und Flaschenform
steigern den Verkauf enorm,
doch des Umsatzsprunges Samen
liegt im einprägsamen Namen.

So vergehen ein paar Stunden,
bis der Name ist gefunden,
den man stolz, nach einem Weilchen,
auch verkündet – er heißt „Veilchen"!

Graziös, verspielt und luftig,
jugendlich, beschwingt und duftig,
nahezu zerbrechlich zart
und von eleganter Art,

kühl und frisch wie Morgentau
(wie das Veilchen in der Au) –
dieses zu assoziieren,
soll die Marke implizieren,

die der Linie bezeugt,
daß zu Größerem sie neigt,
daß der „Veilchen-Reihe" Kind
letztlich feine Weine sind.

Fortgesetzt wird dieses Liedl
schon am nächsten Tag bei „Riedel",
denn man kauft für den Verein
hundert neue Gläser ein.

„Jetzt", verkündet einer listig,
„brauchen wir die Publizistik!
Und am Sonntag, nach der Messe,
laden wir die ganze Presse."

Bloß ein einz'ger widerspricht:
„Bitte, nein, tut dieses nicht!

Eh' die Journalisten testen,
selektieren *wir* die besten!"

Das, obwohl vermarktungsbrünftig,
finden alle sehr vernünftig,
und so wenden sich die Männer
an des Landes größten Kenner:

„Schau Dir, bitte, dann und wann
unsre guten Weine an!"
Nun, der Rest ist rasch erzählt:
Später wurden vorgestellt

neunzig Proben an der Zahl –
das Ergebnis war fatal,
denn so mancher „Veilchen-Wein"
schmeckte nur ein Weilchen fein,

und manch andrer dünne Saft
war gewaltig fehlerhaft.
Fazit: Von den neunzig Proben
blieben etwa vierzehn „oben".

Alle anderen der Kost
fielen schlichtweg durch den Rost,
und nicht wenig wack're Hauer
waren dieserthalben sauer,

schwörten sie doch Stein und Bein,
daß ihr selbstgebauter Wein,
Faß um Faß und Jahr für Jahr,
immer schon der beste war.

Wo Kritik man nicht vertragt,
hat der Koster halt versagt,
„denn der ist", so hört man unken,
„nicht auf *Unsern* eingetrunken,

kennt sich, ich sag's rundheraus,
mit den Weinen hier nicht aus,
die wir selbst viel besser schnüffeln,
weil wir sie doch täglich süffeln,

Veilchen-Wein

für Jedermann

nicht nur die aus eig'nem Bette,
auch des Nachbarn Weinpalette . . .!"
Daß sich so der Wein oft gleicht,
übersieht man freilich leicht,

und wenn auch die Weinexperten
tausende von Weinen werten,
fühlt man sich (was für ein Segen!)
ihnen weitaus überlegen.

Auch die lieben Journalisten
sind gewiß zu überlisten:
Etikett und Flaschenform –
halt! Das hatten wir schon vorn.

Wenn da alles paßt so richtig,
ist der Inhalt nicht so wichtig.
Und nach solch Elaborat
schritt man dieserart zur Tat.

Also kam's wie's kommen mußt':
Bei der Weinkost herrschte Frust,
denn die Weine, müd und leer,
gaben allesamt nichts her.

Die Ernücht'rung folgte bald:
Kurz nur rauscht's im Blätterwald,
und vom Weine namens „Veilchen"
fand man niemals mehr ein Zeilchen . . .

Weingespräche

Fröhliches gibt es, wenn man gesellig beim Weine sitzt, zuhauf. Die folgenden Episoden geben Ereignisse wieder, die sich – wie könnte es auch anders sein – bei Verkostungen, zumeist in einer Runde erfahrener Fachleute, zugetragen haben. Sie enthalten aber auch Geschichten *um* den Wein, die einander *beim* Wein erzählt worden sind.

Lebenskurve

In einer umfangreichen Vergleichsdegustation qualitativ höchst unterschiedlicher Weine des Jahrganges 1981 entwikkelte sich bei der Verkostung einer Dreiergruppe von Rieslingen, die allesamt ihren Höhepunkt längst hinter sich hatten, folgender Dialog zwischen zwei Weinliebhabern:
„Die drei Weine hinterlassen alle einen müden, ausgezehrten Eindruck. Ich würde sagen, sie sind schon etwas senil“, meinte der eine.
Darauf der ihm gegenüber sitzende Weinfreund:
„Der erste ist nicht mehr senil, der is' a Leich! Der zweite is' am Weg dorthin, und der dritte liegt in den letzten Zuckungen!“

Lapsus lingue

Anläßlich eines Besuches im zauberhaften Dürnstein in der Wachau, bei Altwinzer Franz Schmidl, kamen einige Gäste im Verlaufe der Weinprobe auf den munteren Vierbeiner des Weinhauers zu sprechen. Dabei erhob sich die Frage, ob es sich beim Hündchen wohl um ein Rassegeschöpf handle oder lediglich um eine Promenadenmischung.
Weinfreund Werner Klug, ganz in die hinreißenden Kreszenzen des Hauses vertieft, sah nur kurz auf, als er fragte:
„Was, der Hund ist tatsächlich *sortenrein?*“

Präzise Auskunft

Beim gleichen Gastherrn, dessen Bäckereibetrieb – nicht zuletzt wegen der superben „Wachauer Laberl" – ebenfalls einen hervorragenden Ruf genießt, rätselte die anwesende Gästeschar über die vermutliche Tagesproduktion des Betriebes. Nachdem sich der Winzer zu diesem Thema beharrlich in Schweigen hüllte, faßte sich einer der Anwesenden (es war FALSTAFF-Redakteur Dr. Michael Prónay) ein Herz und stellte die betreffende Frage direkt an den Hausherrn.
Die verschmitzte Antwort lautete:
„Ja, wissen Sie, das kommt ganz darauf an – einmal ist es mehr, und einmal ist es weniger ..."

Vater und Sohn

Generationsprobleme kennt man in allen Branchen. Und wenn sie auch nur selten nach außen getragen werden, so sind sie doch erkennbar – an verschiedenen Bemerkungen, an der Art und Weise, wie miteinander umgegangen wird und an vielen anderen kleinen Details. Dabei ist das Ringen um die Durchsetzung der eigenen Betrachtungsweise – einerseits väterlicher Erfahrungsschatz, andererseits jugendliche, fortschrittliche und alles „Althergebrachte" in Frage stellende Modernität – ein ganz natürlicher Entwicklungsprozeß, bei dem in aller Regel die positiven Ergebnisse weitaus überwiegen.
Nach der Probe eines etwas zu säurebetonten, „spitz" geratenen Rotweines im Hause Alfred Loimers (in Langenlois) – der Wein war zum Verkostungszeitpunkt einfach noch unfertig – bedienten sich einige der geladenen Weinfreunde in ausgiebigem Maße des vorhandenen Rückgießkruges. Nachdem alle Gläser geleert waren, meinte der Senior (mit einem kleinen Seitenblick auf seinen, die säureerhaltende Ausbaustilistik bevorzugenden Sohn):
„Ja, ja, da füllt sich der Krug bei solchen Weinen ...!"

Toasting*)

Daß der Vater mit den Vinifizierungsmethoden des Juniors nicht immer konform ging, wurde auch aus dem Wortgeplänkel, welches der Probe eines „Barrique"-ausgebauten Chardonnays folgte, ersichtlich.
Gast (nach dem Ankosten): „Gut gelungen! Die Fässer dürften nicht allzu stark getoastet worden sein?"
Loimer jun.: „O doch, die haben ein Toasting der vorletzten Stufe."
Loimer sen.: „Ja, des is' knapp vor'm Verbrennen!"

Pilzsuche

Martin Nigl, aufstrebender Jungwinzer aus Priel (bei Krems), hatte zur Verkostung des neuen Jahrgangs eingeladen und präsentierte der höchst unterschiedlich zusammengesetzten Kostrunde eine durch und durch überzeugende Serie seiner großartigen Kreszenzen. Höhepunkt war an diesem Abend unzweifelhaft die Riesling Spätlese aus der Lage „Hochäcker", über die ein Teilnehmer so ins Schwärmen geriet, daß er einen minutenlangen Monolog über die hervorstechenden Eigenschaften des Weines hielt („Unglaublich transparent, ein hocheleganter Bilderbuch-Riesling, gepaart mit Stoff und Fülle, ein Fruchtkonzentrat aus Stachelbeeren und Steinpilzen, mit einem endlosen Abgang ...").
Eine junge Dame, die dem Fachmann fasziniert gelauscht hatte, wandte schüchtern ein:
„Das ist alles sehr treffend beschrieben, aber, so sehr ich mir auch Mühe gebe, ich kann keine Steinpilze finden!"
Worauf der erfahrene Weinfreund schlagfertig konterte:
„Jo mei, des is' immer so beim Schwammerlsuchen!"

*) Unter Toasting versteht man das mehr oder minder intensive „Abflämmen" des Eichenholzes, um es leichter in die gewünschte Faßform biegen zu können. Die dabei entstehenden „Röstaromen" werden während der Lagerung an den Wein abgegeben, der dadurch, je nach Art des verwendeten Holzes und der Intensität des Toastings, eine unterschiedliche geschmackliche Abrundung erfährt.

Einzelflaschen

Eine hintergründige Feststellung stammt von Ing. Altmann, dem ehemaligen Direktor der Kremser Weinbauschule, als er – während einer von ihm kommentierten Kostfolge darauf angesprochen, daß hin und wieder einzelne Weine Ruhm und Ehre einbrächten – trocken antwortete:
„Meine Damen und Herren, Einzelflaschen werden nur in der Politik berühmt . . .!"

Qualitätsunterschied

Heiterkeit, wenn auch auf Kosten des anwesenden Weinhauers, löste die folgende Begebenheit aus. Das interessierte Degustationsforum hatte sich bei einem für seine außergewöhnlichen Weißweine bekannten Winzer eingefunden, und man war voll des Lobes für die finessereichen und mit beachtlichem Hintergrund ausgestatteten Gewächse. Nachdem die gesamte Palette des letzten Jahrgangs durchgekostet war, meinte der Winzer, auch noch einige Proben seiner Rotweine anbieten zu müssen. Und obwohl man wußte, daß diese mit dem Niveau ihrer „weißen Brüder" nicht mithalten konnten, schwieg man höflich und zurückhaltend und ließ die kurze Probenfolge gottergeben über sich ergehen.
Erst als der stolze Winzersmann die etwas provokante Frage in den Raum stellte: „Na, was soll ich mit solchen Rotweinen machen?", konnte einer der Anwesenden (es war Kloster-UND-Mitbegründer Helmut Alt) nicht umhin, unter allgemeinem Gelächter festzustellen:
„Am besten, aussareiß'n!"

Unterschätzt

Eine Delegation der großen Kellermeister aus Bordeaux (alle „Premiers Grands Crus" waren vertreten) stattete einigen ausgewählten Weinbaubetrieben der Wachau ihren Besuch ab und war, nach mehreren Besichtigungen, voll des Lobes und der Anerkennung über den modernen Stand der heimischen Kellertechnik. Die kaum verhohlene Überraschung der Gäste über das nicht erwartete hohe Niveau quittierte Franz Xaver Pichler (scherzhaft: GWAZ = „größter Winzer aller Zeiten") mit einem einzigen Satz:
„Die ham wahrscheinlich glaubt, mir rennan no im Fell herum!"

Mengenrelation

„Von diesem Wein habe ich nicht viel, nur zwei Zeilen im Weingarten", erklärte Jungwinzer Thomas Leithner seinen Zuhörern (und wollte damit auf die geringe Menge vorhandenen Weins hinweisen). Einer der Gäste fragte trotzdem:
„Wieviel Wein ergibt das denn?"
Jetzt mußte Leithner jun. Farbe bekennen:
„Das sind ungefähr 700 Liter, also knapp 1000 Flaschen."
„Na, das müssen aber schon lange Zeilen sein ...?", hinterfragte der Gast hartnäckig. Worauf dem Weinhauer nichts anderes übrig blieb, als verlegen lächelnd zuzugeben:
„Ja, das stimmt schon. Der ganze Weingarten hat nur vier Zeilen!"

Winzerlatein

Der Weingutsbesitzer feierte seinen sechzigsten Geburtstag und wurde zu diesem Anlaß auch von vielen Zunftgenossen besucht und beschenkt. Einer der Kollegen hatte eine Auswahl seiner Eigenbauweine eingepackt und übergab den Karton an den Jubilar mit der spitzen Bemerkung: „Ich habe dir hier ein paar Flaschen mitgebracht, damit du einmal einen g'scheiten Wein im Keller hast".
Aber der Hausherr war auch nicht auf den Mund gefallen:
„Ja, vielen Dank, ich brauch eh immer einen zum Auffüllen für meine Fassln!"

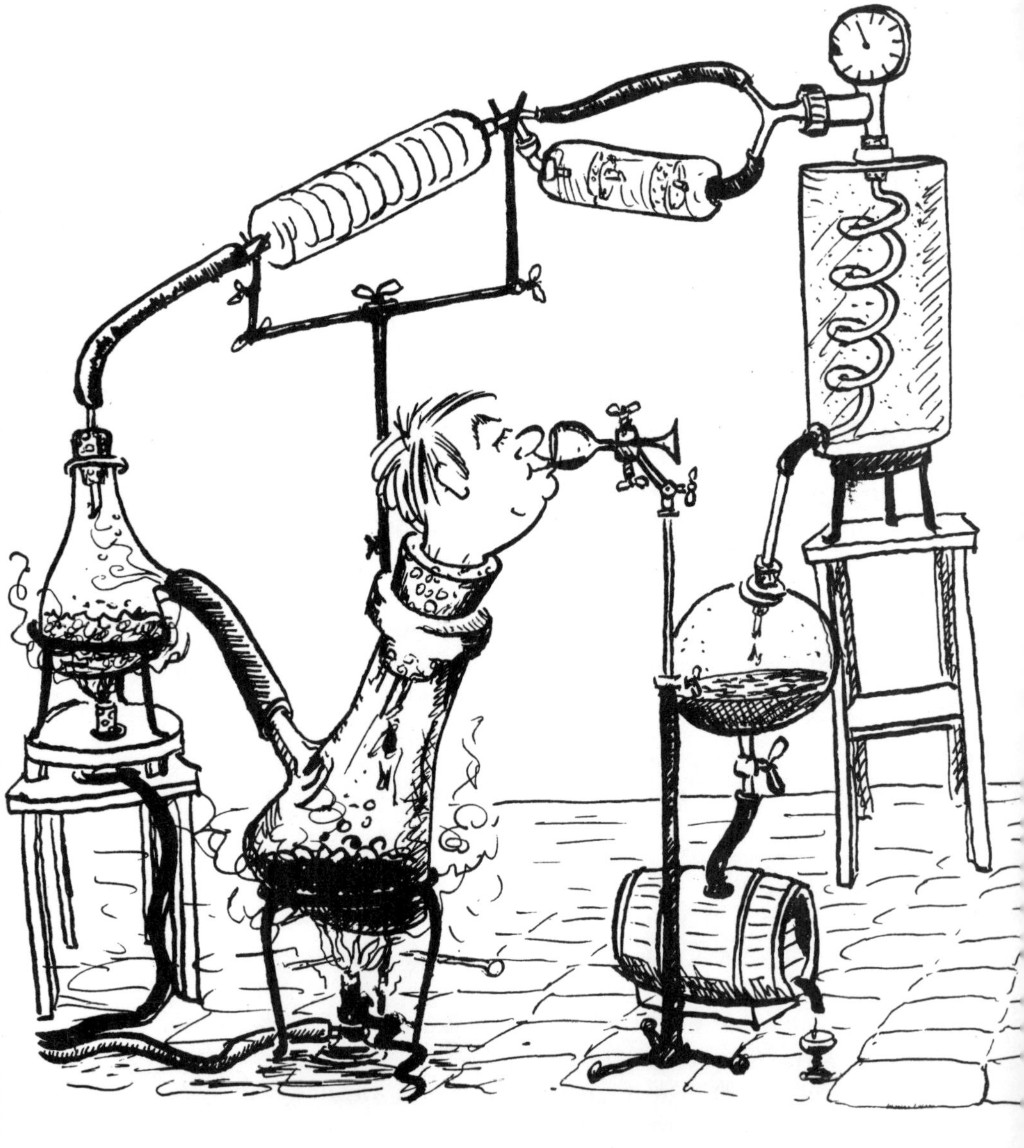

Weinprobe

Preis-Leistung

Eine originelle (und im übrigen nachahmenswerte) Idee hatte Freund Gerhard Morawetz, als er einmal eine gedeckte Kost organisierte, bei der es herauszufinden galt, wie es um das Preis-Leistungsverhältnis der Weine bestellt war. Zu diesem Zweck wurden die Proben jeweils pärchenweise eingeschenkt, und die Teilnehmer erhielten die Aufgabe, auf einem Blatt Papier jenen Betrag zu notieren, den sie selbst bereit wären, für den betreffenden Wein zu bezahlen.
Ludwig Hiedler aus Langenlois (leuchtender Stern am Jungwinzer-Himmel) fiel dabei durch seine unbekümmerte Art auf, die darin bestand, ständig laut und deutlich die unterschiedlichsten Preise, die er den verkosteten Kreszenzen zugestehen würde, zu verkünden.
Vater Morawetz, großer Verehrer heimischer Weine, der den Hiedlerschen Aussagen schon geraume Zeit mit Skepsis und innerer Ablehnung gefolgt war, sah den Bogen überspannt, als jener wieder einmal ein äußerst divergierendes Statement abgab („Für Wein Nummer 1 würde ich fünfzig, für die Nummer 2 fünfhundert Schilling bezahlen!") und ermahnte den neben ihm sitzenden Weinhauer, doch mit mehr Ernst bei der Sache zu sein.
Als die Weine dann aufgedeckt wurden, war es allerdings an Ludwig Hiedler, den Senior zu fragen: „Na, Herr Morawetz, was sag'ns jetzt?", denn Wein Nr. 1 stand mit S 55,– und Wein Nr. 2 mit S 500,– zu Buche ...

Spanferkel-Wein

Im renommierten Poysdorfer Weingut Taubenschuß gehört es zur liebgewordenen Tradition, die Verkostung der Eigenbauweine mit einem im ganzen gebratenen, knusprigen Spanferkel kulinarisch abzurunden, welches vom benachbarten Bäcker (frisch aus dem großen Backofen kommend) pünktlich um 19.00 Uhr im Weinbaubetrieb angeliefert wird.
Wie unter Weinfreunden üblich, diskutierte man angesichts der Vielzahl von hervorragenden Weinen darüber, welche Kreszenz nun wohl am besten zum Ferkelbraten passen würde. FALSTAFF-Redakteur Michael Prónay vertrat die Ansicht, daß ein zuvor verkosteter Weißburgunder, eine Spätlese, besonders harmonierte und sein persönlicher Favorit sei. Als dem ein anderer Koster widersprach („Der 87er Grüne Veltliner mit seiner feinen Säurestruktur paßt sicher auch gut dazu ...“), winkte der Weinexperte nur kurz ab:
„Ach, was verstehst denn du von Spanferkeln!!“

Meßwein

Ein Kollege des Albrechtsberger Weinpfarrers erzählte einmal, daß er einen rätselhaften Schwund in seinem Keller festzustellen hatte. Um den heimlichen Schmarotzern auf die Schliche zu kommen, markierte er mit kleinen Kreidestrichen an der Außenseite der Flaschen den jeweiligen Flüssigkeitsstand. So glaubte er, regelmäßig überprüfen zu können, ob der Inhalt weniger wurde oder nicht.
Allerdings hatte er nicht mit der Schlauheit seiner Ministranten gerechnet, denn diese entdeckten die „geheimen Stricherl“, sprachen dem Wein ungerührt weiter zu und brachten danach einfach ihre eigenen Markierungsstriche an den Bouteillen an. Um dem Spuk ein für alle Mal ein Ende zu bereiten, wurde der Meßwein daraufhin nur noch portionsweise in kleine Gläser eingeschenkt.
Seit dieser Zeit herrscht unter den Ministranten allgemeine Trauer, und man denkt heute noch im Ort an jene guten alten Zeiten zurück, als der Meßwein zu bringen war ...

Kork-Dialog

Winzer: „Nun, was sagen Sie zu diesem Tropfen?"
Koster: „Tut mir leid, ich glaube, der Wein hat Korkgeschmack?"
Winzer: „Nein, nein, das ist der Bodenton, den Sie hier wahrscheinlich spüren!"
Koster: „Ach so, der steht auf einem Korkboden ...?!"

Die Kirchenväter

Das engste Gremium um den Pfarrgeistlichen herum sind die sogenannten *Kirchenväter*, welche das Vorrecht genießen, die Heilige Messe aktiv mitzufeiern. Im malerischen Donaustädtchen Spitz durfte sich die Pfarrei geraume Zeit eines regen Zuspruchs und anhaltenden Interesses um die betreffenden Tätigkeitsbereiche erfreuen. Der Grund war freilich nicht in einer besonders verbreiteten oder ausgeprägten Frömmigkeit der ansässigen Bewohner zu suchen, sondern ausschließlich darin, daß der gut bestückte Weinkeller der Pfarre unmittelbar unter der Sakristei lag. Jeden Sonntag, gleich nach Beginn des Gottesdienstes, stiegen die Kirchenväter geschlossen nach unten, um sich am kühlen Naß zu laben, und, kurz bevor die Messe zu Ende ging, war die komplette Mannschaft rechtzeitig wieder in der Sakristei versammelt.
Dieser Vorgang wiederholte sich so lange, bis eines Tages der Priester, weil er etwas vergessen hatte, schon nach dem Gloria in die Sakristei schaute und erstaunt feststellen mußte, daß diese leer war.
Der Weinkeller wurde augenblicklich versperrt, und in der Zwischenzeit, so sagt man, ist in Spitz die Anzahl der Kirchenväter dramatisch gesunken.

Der Connaisseur

Er ist Weinjournalist und ein exzellenter Weinkenner, Redakteur des renommierten FALSTAFF-Magazins und zugleich, ich darf das hier sagen, ein ganz lieber Freund. Aus diesem Grunde wird er mir die folgenden Zeilen – hoffentlich! – nachsehen …

Silbern glänzt des Mondes Sichel,
drunten sitzt der Prónay Michel,
Östreichs großer Connaisseur;
aber leider – *quel malheur* –
ist er, trotz der Fotografen,
wieder einmal eingeschlafen.

Eingedenk der späten Stunde
und der freundschaftlichen Runde
(die schon weiß, weil man ihn kennt,
daß der Michel öfters pennt),
nimmt man solches voll Verständnis
höchst geflissentlich zur Kenntnis.

Freilich, mancher forsche Hauer
wird daraus nicht eben schlauer.
Mit dem Faktum konfrontiert –
der Herr Doktor meditiert –
reagiert er oft voll Ärger
(überhaupt der Herr Osberger ...).

Doch der Wein ist's keinesfalls!
Michael schläft ebenfalls
tief und fest, wie ich erfuhr,
bei Margaux, Lafite, Latour
und hat dieserart, verträumt,
mancherlei davon versäumt.

Trotzdem, liebe Winzerschaft:
Laßt ihn schlafen, wenn er schlaft!
Er ist träumend kreativ!
Weckt ihr ihn, dann geht es schief.
Dann vermißt er die Entspannung
und vergißt die ganze Planung.

Läßt man ihn hingegen schlummern,
reihen sich im Geist die Nummern
all der Weine, die er trank,
und er *schreibt was*, gottseidank!
Wissend auch, was ihn betraf:
Seinen gibt's der Herr im Schlaf ...

Originelle Kostnotizen

Jede Branche, jedes Sachgebiet verfügt über eine Reihe spezieller Fachausdrücke, die von Laien häufig nicht oder falsch verstanden werden. Auch die Weinsprache, mit ihren oft skurrilen und überspitzt anmutenden Begriffen, macht hier keine Ausnahme. Von der wortreichen, blumig-phantasievollen, aber überaus zutreffenden Weinbeschreibung des Kenners (und Könners!) bis hin zur schwülstig aufgeblasenen und von übertriebenem Imponiergehabe geprägten Formulierungssucht mancher Weinsnobs spannt sich der weite Bogen an erklärendem, erläuterndem und beschreibendem „Fach-Chinesisch".

Die folgenden Notizen stellen eine kleine, überschaubare Auswahl solcher Wortschöpfungen dar, denen dreierlei gemeinsam ist: sie stammen von Fachleuten, sind allesamt genau in der nachstehend wiedergegebenen Form einmal gesagt oder geschrieben worden, und sie entbehren nicht einer gewissen Originalität.

***

... Insgesamt hat der Wein eine weiche, mollige Statur. Aber auch *mollig ist schön...*

***

... Vorneweg ist eine käsige Note feststellbar, die dann gottseidank langsam abklingt. Das erinnert mich an *sich entfernende Schweißfüße...*

***

... Auffällig ist die kohlensäurebetonte Klarheit und Transparenz des Weines: *Das CO_2 wirkt wie ein Fensterputzer...*

***

... Im Nachklang anfänglich spürbare Frucht, die sich rasch verliert, um dann nach einer Weile wieder aus der Versenkung aufzutauchen – *der hat einen Abgang wie eine Hängematte...*

***

... Ein unbekümmerter, fast noch ungestümer Wein Jahn'scher Ausprägung: frisch, fröhlich, fruchtig, frei...

***

... Zart, beschwingt und leichtfüßig kommt er daher, hinterläßt aber mit der Zeit doch ziemlich tiefe Fußabdrücke...

***

... Kontroversielle Ansammlung von Geruchs- und Geschmacksaromen – eine *gemischte Warenhandlung...*

***

... Das ist ein unglaublicher Saft, ein toller Altwein mit soviel Harmonie, *daß es fast schmerzt...* (es handelte sich um einen 47er Muskat Ottonel aus dem Weingut Müllner, Krems)

***

... Weist eine nussige Extraktfülle auf, gepaart mit differenzierten Aromen – wie ein *Nußstrudel samt Gewürzen...*

***

... Obwohl der Höhepunkt schon überschritten ist, noch immer äußerst lebendig und balanciert – eine *Ballerina mit ersten Falten...*

***

... Bananig-fruchtig; das ist Exotik in ihrer zweitschönsten Form ...

***

Koster 1: „Typischer Riesling mit ebenso markanten *Mapfis* in der Nase.“
Koster 2: „Bitte, was sind Mapfis?“
Koster 1: „Mein Gott, was kann das bei einem guten Riesling schon sein – Marillen-, Apfel- und Pfirsichnoten natürlich!“

***

... Der Wein hat einen *Zündhoizlton* (gemeint war ein deutlicher Feuerstein-Geruch, bzw. rauchig-mineralische Anklänge am Gaumen)...

***

Pfarrer Hans Denk (bei einem schmalbrüstigen Grünen Veltliner):
„Positives Denken ist angesagt!“

***

Derselbe (beim konzentrierten Riechen am Glas):
„Merkst du das? Der schlechte Geruch kommt von der Seiten!“

***

Nochmals selbiger zu einem 90er Weißburgunder von Josef Jamek:
„Hoch einzuschätzen – in der Wucht lauert die Feinheit!“

***

... Der Wein hat sich in den letzten Monaten ganz gut entwikkelt – *sein rosa Babyspeck ist weg...*

***

„Weinprobe“

... Man riecht deutlich, wie der *miachtlt* (mundartlich für einen muffigen, dumpfen Beiton – auch als *Geigenkasten-Geruch* bekannt).

***

... *Er kommt auf leisen Pfoten.* (Im speziellen Fall passende Beschreibung für einen sanften, erst im Glase sich langsam entwickelnden Wein.)

***

... Das ist ein richtiger *Bergsteigerwein* – eckig, spitz, kantig, rauh und schroff ...

***

... Wirkt, trotz seines Alters und seiner schlanken Statur wie ein *drahtiges, lebendiges und leistungsfähiges Springinkerl* – der „Sammy Davis jun." unter den Weinen ...

***

... Die Petrolnase ist so vordergründig, daß man schon von *Flughafenduft* reden müßte ...

***

Winzer, nach dem Probieren eines mäßigen Altweins:
„Recht typisch für den Jahrgang – im 82er-Jahr haben wir nämlich keinen Liter natur eingefüllt!"

***

Feststellung zu einem nicht ganz harmonischen Wein: „Irgendwie hat der Wein eine *Unwucht*"...

***

... Der *glitzert in der Nase*... (Die in rascher Folge wechselnden Duftnoten sorgen für ein Verwirrspiel an Geruchseindrücken.)

***

... Das ist ein ausgesprochenes *Zniachtl* (Mundart-Ausdruck für einen „Winzling“, einen „Nicht-Wein“).

***

... Ein herrlicher *Rubenstyp,* üppig, opulent, vollbrüstig, mit geradezu überquellenden Formen ...

***

... Laut, aufdringlich und penetrant – kurz gesagt, ein *Radaubruder...*

***

... *Dem Wein hat man gleich zwei Hemden ausgezogen!* (Aussage zu einem überentsäuerten Wein.)

***

... Zeigt, mit seinem *dekadenten Süßestich,* bereits Anklänge an Morbidität ...

***

Koster 1: „Der Chardonnay hat eine etwas eigenartige buttrige Note.“
Koster 2: „Stimmt! Das ist nicht die feine, eher die Aktionsbutter!“

3. Kapitel

Wein in Versen

Schüttelreime vom Weine

Nicht viele Begriffe der deutschen Sprache lassen sich so mannigfaltig verändern wie das Wort *Wein*. Beim Reimen und „Spielen“ mit den einzelnen Wörtern, beim Zurechtbiegen von allerlei Wortendungen sind im Laufe der Zeit – erst als eine Art Nebenprodukt, dann, vom „Schüttelfieber“ gepackt und gezielt konstruiert – einige *Schüttelreime vom Weine* entstanden. Der Autor legt Wert auf die Feststellung, daß bei diesen Versen die Wortbiegung selbst im Vordergrund steht, auch wenn sich dadurch nicht immer allzu Geistreiches ergibt . . .

Im Herbst, das feine Wetter
macht alle Weine fetter.
So ist dies reine Wetter
so mancher Weine Retter.

Was sind die roten Weine schwach,
da werden tote Schweine wach!

Sogar das fiese Warzenschwein
säuft nichts von diesem schwarzen Wein.

„Ich trinke niemals Linzer Wein“,
gestand dereinst ein Winzerlein.

Was nützen mir die schönsten Weinranken,
wenn die Besoff'nen ständig reinwanken?!

Wer wird ihm seinen Wahn verzeihn?
Er gab den letzten Zahn für Wein.

Er winkt vom Stein
und stinkt vom Wein.

Zuviel gab ich vom Wein dem Madel,
nun schlummert es an meinem Wadel.

Wenn alle hinterdrein winken,
kommt das vom vielen Weintrinken.

Keine Klagen um den Wein!
Nur, mein Magen ist zu klein!

Er hat meinen Wein geschätzt
und sein Maul zum Schein gewetzt.

Es ist wohl fein –
ich bin voll Wein!

Sie waren nur zum Scheine wach,
so sehr hielt sie der Wein in Schach.

Wer zeigt hier nur zum Schein Gewissen
und hat uns in den Wein gesch...?

So sprach der wilde Hein:
„Es war der milde Wein –
nun ist die Hilde mein!"

Lieber voll Wein einen Purzelbaum
als voller Pein unterm Wurzelbaum.

Stoßseufzer eines Neunzigjährigen:

Ich hab's gewußt: Allein
bleibt nur die Lust am Wein.

Einzelschicksal:

Der, welcher hier zum Schein gewohnt,
blieb dennoch nicht vom Wein verschont.

Lebensweisheit:

So manches „Nein", ursprünglich wichtig,
ist nach dem Wein dann null und nichtig.
(denn:)
Nächst dem Wein
wächst kein „Nein"!

Teuerung:

Erst kauft' ich Wein am Mittelmeer,
dann hatt' ich keine Mittel mehr.

Alternative:

Ich schenke erst dem Werner ein
und sag ihm: „Des isch erner Wein!“
Doch der meint nur: „’S isch alter Wein!“
Gut, schenk ich halt dem Walter ein.

Der Unzufriedene:

Ihm ist öfter was zu klein,
meistens ist’s das Glas zum Wein.

Der Burgschauspieler und der Weinpfarrer –
zwei Große ihres Metiers bereiten sich gewissenhaft vor:

Der Otto Schenk wird sich eindenken,
der Pfarrer Denk wird sich einschenken.

Kindheitserinnerung:

Weil nach dem Wein die Stinkerl wehn,
muß Gerhard Stein im Winkerl stehn ...

Verdeckte Kost

Weiteres, Heiteres, G'scheiteres vom Wein

Fürs Gästebuch

Unzweifelhaft
kommt Gastfreundschaft
und Lebenskraft
vom Rebensaft.

Wein ist ein Lebenselixier,
und das verspürten wir
besonders hier
bei Dir.

Dumm der, der immer weiterschürft,
nicht ahnend, was sich ihm erschlossen –
wir haben Deinen Wein geschlürft
und ihn zutiefst genossen.

Wenn Gott nicht wollt' den Wein auf Erden,
dann ließ' er nicht die Reben werden.

Mädchen, Reben und Blüten –
alle sind schwer zu behüten.

Deutsche Wirtshausinschrift

Wein und Weiber sind auf Erden
aller Weisen Hochgenuß,
denn sie lassen selig werden,
ohne daß man sterben muß.

Das Skelett

Ein Skelett kommt zum Entsetzen
aller Gäste ins Lokal
und bestellt sich jovial
ein Glas Wein – und einen Fetzen.

Späte Erkenntnis

Männern beschieden,
intensiv, flüchtiger,
Wein, Weib zu lieben,
macht sie dann süchtiger,

doch mit der Zeit
wird vieles nichtiger
und guter Wein
zunehmend wichtiger.

Preisauftrieb

Wo Könige und Fürsten
nach teuren Weinen dürsten,
verhilft der Wein nicht wenigen
zu Fürsten und zu Königen.

Entzugser-

scheinung

Weihnachtslied

Leise rieselt der Schnee,
still und stumm zieht der Tee.
Hört, wie der Sektkorken knallt –
freuet euch, 's Essen kommt bald!!

Stoßgebet

O Gott, bescher mir ein Glas Wein,
und lass' es nicht mein letztes sein!
Ich weiß, ich habe zu bereu'n,
doch ohne einen Tropfen Wein
mag das Bereu'n
mich gar nicht freu'n ...

Ewiger Kreislauf

Es ist der goldne Saft der Reben,
der uns erkennen läßt,
daß aus den Trauben kommt das Leben
erst, wenn sie ausgepreßt ...

Alptraum

Vom Kirchturm schlägt die Glocke „Vier",
da klopft es dröhnend an der Tür.
Gevatter Hein, der Sensenmann,
steht da und blickt mich mahnend an.

Ich nicke ernst und voll Verständnis:
„Die Zeit ist um, ich nehm's zur Kenntnis."
(Im übrigen, bild ich mir ein,
gibt's auch im Himmel guten Wein.)

Doch plötzlich packt mich das Entsetzen,
mich fröstelt, und ich muß mich setzen;
vor Schreck erbleichend fällt mir ein:
Mein Keller ist noch voller Wein!

Die besten Flaschen, tief versunken,
sind allesamt nicht ausgetrunken!!
Und flehend sink ich in die Knie:
„Gevatter Hein, es ist zu früh!"

Vergeblich, denn ich nehme wahr,
wie die vertraute „Freundesschar"
sich über meine Flaschen macht
und über mich, den Dummkopf, lacht,

der seine Weine in der Tat
ad ultimo noch lagernd hat.
Das Unheil, es nimmt seinen Lauf –

und schweißgebadet wach ich auf . . .

Noch ein Alptraum?

Halt, nein! Ich merk, zu Stein erstarrt,
es war kein Traum, der mich genarrt.
Da steht der Knochenmann noch immer
gebieterisch in meinem Zimmer

und schüttelt klappernd seinen Schädel:
„Was ist am Weine denn so edel?
Wie kannst du nur, statt hehrer Freuden,
mit dem Gesöff die Zeit vergeuden?“

Das hätte er nicht sagen sollen!
Die Zornesader angeschwollen,
werf ich dem Dürren ans Gesicht:
„Das, dummer Tor, verstehst du nicht!

Der Wein ist gottgegebner Nektar,
und wie des Himmels Nektar schmeckt er:
voll Anmut, Grazie und Charme,
macht er dir Herz und Seele warm;

frisch, rassig, fein und jugendlich,
hält er dich selber tugendlich,
denn Lust und Freude und Ekstase
vollziehen sich in Mund und Nase.“

„Nun gut“, spricht da Gevatter Hein,
„du holst mir jetzt drei Flaschen Wein!
Gelingt's dir, mich zu überzeugen,
soll sich der Tod dem Leben beugen,

ist deine Uhr nicht abgelaufen,
und fortan magst du weiter saufen!
Doch, sollte nicht der Wein gewinnen,
nehm auf der Stell' ich dich von hinnen!“

Ich laufe, ohne lang zu fragen,
so schnell mich meine Füße tragen
und merk, zurückgekehrt, gehetzt:
Gevatter Hein hat sich gesetzt.

VELTLINER-
UHR

Erwartungsvoll schaut er mich an:
„Heb an, mein Freund“, meint er sodann.
„Wir wollen keine Zeit verlieren,
heb an, du sollst mir Wein servieren!“

Ich schenk ihm ein (der Magen flau),
Veltliner ist’s, aus der Wachau.
Der Finstre nippt: „Na ja, ganz gut ...“
Da kommt mir hoch die blanke Wut:

„Weiß Gott, du übler Menschensichler,
das ist ein Wein von F. X. Pichler,
voll Saft und Kraft und Übermut,
der ist weit besser als nur gut!“

Doch *er* winkt ab: „Das ist es eben,
der Wein schmeckt mir zu sehr nach Leben ...“
Die nächste Flasche wird entkorkt,
und wiederum frag ich besorgt.

Jedoch, die Antwort ist verheerend:
„Der Wein ist müd“, meint er belehrend,
„er wirkt morbid und ausgezehrt,
ist alt und firn und nichts mehr wert!“

Ich schrei ihn an in meiner Not:
„So ist es eben mit dem Tod!
Was immer wird von ihm umworben,
ist ein für allemal verdorben!“

Jetzt zuckt der Hagere zusammen.
Das hinterließ, so scheint es, Schrammen,
und während er um Fassung ringt,
nimmt er ein zweites Glas und trinkt.

Was ihm auch hilft, denn alsobald
reckt er bedrohlich die Gestalt
und poltert los, nach vor gebeugt:
„Noch hast du mich nicht überzeugt!

Noch einen Wein, voll Schimpf und Fehl,
und du bist mein mit Leib und Seel’!“

Der Stimme fehlt die Contenance,
und ich, ich wittre meine Chance:

„Alsdann, dies ist der Flaschen dritte –
gewähr mir aber eine Bitte!“,
ruf ich und geh zum Angriff über.
„Ein Saft von solcherart Kaliber,

vom allerfeinsten hier auf Erden,
muß restlos ausgetrunken werden!
Nur dann erkennst du auf der Stelle
des Weines Körper, Geist und Seele!“

Auf einmal glotzt der Sensenmann
geradezu verdutzt mich an:
„Ein Geist im Wein, wer soll das sein?“,
brummt mürrisch er in sich hinein,

wiewohl er mit dem Glase sich
beschäftigt angelegentlich.
Rasch ist das nächste voll gefüllt,
sein Durst hingegen nicht gestillt.

So trinkt er stumm, in sich gekehrt,
bis daß die Flasche ausgeleert.
Die Stille wird nur unterbrochen
vom Knirschen seiner morschen Knochen,

als er sich anschickt aufzustehn
und – wahrlich – aus dem Haus will gehn!
Just angekommen bei der Tür,
dreht er sich nochmals um zu mir,

und dumpf vernehme ich sein Grollen:
„Ich geb es auf, dich abzuholen,
erkenne an den Wein als Meister,
denn zu konträr sind seine Geister.

Dem standzuhalten, scheint's vergebens –
dem Geist des Todes, dem des Lebens –
wie können sich die beiden leiden?
Ich kann mich nur für eins entscheiden . . .!“

Alptraum – Epilog

Die Tür schlägt zu, so, daß es kracht,
vorbei die schrecklich schwarze Nacht;
der Morgensonne güldne Pracht
fließt sanft und sacht – ich bin erwacht!

Doch die Erleichterung entschwindet
als sich ein wenig später findet:
drei Stückchen Kork in meinen Taschen
und auf dem Tisch drei leere Flaschen . . .!

Wein-Geometrie

Wenn man nichts trinkt, ist einem fad,
man schreitet so wie ein *Quadrat:*
rechteckig, kantig, schnurgerad.

Trinkt man zuweilen, macht es dumm,
man geht wie ein *Triangulum*
und fällt dabei womöglich um.

Säufst aber du zuviel, ich weiß,
drehst du fortwährend dich im *Kreis,*
und schließlich haut's dich auf den Steiß.

Hat man beständig seine Schwipse,
dann wankt man so wie die *Ellipse,*
und irgendwann liegst du im Gipse.

Wie soll man da die *Kurve* kriegen
und die Geometrie besiegen?
Es geht: Man trinke – und bleib liegen ...

„Weingespräche“

Im kühlen Kellerdunkel hausend,
sind es der Flaschen ein paar tausend,
die da, mit rot-weiß-roten Streifen,
beinander liegen, um zu reifen.

Die großen und die kleinen Namen,
ganz friedlich ruhen sie zusammen
und warten drauf, umhegt, umsorgt,
daß man sie irgendwann entkorkt.

Doch Ruhe, Frieden – all das täuscht.
Denn was um Anerkennung heischt,
des Weinliebhabers Gunst der Stunde
herbeifleht in vereinter Runde,

läßt andrerseits sich nicht lang bitten
und schimpft, weil mehrheitlich zerstritten,
kaum daß das Kellertor geschlossen,
erbittert auf die Zunftgenossen.

„Was sucht Ihr hier, Ihr kurzen Flaschen?
Wer wollt' Euch Zwerge schon vernaschen?
Man nimmt an meiner Größe Maß!“,
knurrt indigniert der Wein vom Saahs.

„Na, horcht Euch *den* an, diesen Schwafler“,
erwidert ein Gewächs vom Schafler,
„was immer man auch außen tragt,
mein Freund, das Inn're ist gefragt,

und da ist halt bei meinem Naß
weit mehr Verlaß als bei an Saahs!“
„Nein“, widerspricht der Schlanke spitz,
„*ich* weiß, wozu ich bin und nütz,

du allerdings gehörst – weißt was? –
zurückgepumpt ins große Faß
und mit der Südbahn, aber schnell,
nach Haus gebracht, in dein Tunell!“

„O Gott, jetzt streiten sie schon wieder“,
stöhnt da der Rebensaft vom Rieder,
„Wachau und Thermenregion,
das kennen wir doch alles schon!

Bei Weinviertlern wie ich hingegen,
vor dem sich alle niederlegen,
vor seiner feinen Eiswein-Süße,
holt Ihr Euch höchstens kalte Füße!“

„Ha, ha, das kost’ mich einen Lacher“,
begehrt der Eiswein auf, vom Kracher,
„so was wie dich, das ist bekannt,
gibt es bei uns im Burgenland

zehnmal so oft, um vieles besser,
und nicht nur ein, zwei kleine Fässer!“
„Hört’s auf!“, ruft da ein junger Tement,
„Euch zuzuhören ist beschämend.

Was seid Ihr im Vergleiche schon
zu einem edlen Sauvignon,
der so wie ich gedeiht, autark,
nur in der grünen Steiermark?“

Nun meldet sich ein F. X. Pichler
(nicht unbekannt als Widersprüchler):
„Ich, Bruderherz, komm her und schau,
bin allerdings aus der Wachau!“

„Ja, seht Euch diesen kecken Schelm an!“,
ereifert sich, spätrot, der Schellmann.
„Kaum ist ein Jahr er auf der Welt,
verlangt er eine Menge Geld

und glaubt, vom Geltungsdrang besessen,
er könnt’ sich mit den Steirern messen.
Dabei gibt’s südlich der Stadt Graz
ein gutes Dutzend solcher GWAZ.“*)

*) siehe Seite 67

„Schluß jetzt!“, erzürnt sich ein Hirtzberger,
„Ihr macht’s den Unsinn g’rad noch ärger.
Gen’ *Singerriedels, Kellerberge*
seid Ihr doch vinophile Zwerge!“

„Und ewig glänzt sein Etikett
aus purem Gold, ist das nicht nett?
Erleucht’ uns, Herr, denn es ist duster!“,
ertönt voll Spott ein Rosi Schuster.

„Du red was, Hügelland-Neusiedler“,
wetteifert da der Wein vom Hiedler,
„dich legt man ja, zu deinem Glück,
ins Eichenfaßl, ins Barrique,

dann schmeckst du wenigstens nach Holz!“
Das wiederum vergrämt den Polz:
„Weißt, Frankreich liebe ich im Bette
mehr als die deutsche Etikette!“

„Hurra!“, die Golser Flaschenschar
(Beck, Heinrich, Nittnaus, Stiegelmar)
bekräftigt’s wie aus einem Mund:
„Nur junges Holz erhält gesund!“

„Da sieht man, Ihr seid Jahre hinten.
Anstatt mein neues Kleid zu finden“,
die Hiedler-Flasche sich verteidigt,
„hab’ ich das G’fühl, Ihr seid beleidigt!?“

„Na, laß sie doch“, der Jurtschitsch flüstert,
„wer sich wie die beständig brüstet,
der größte Weinort hieße Gols,
weiß eben nichts von Langenlois . . .“

Der Satz erfreut ganz ungeheuer
auch Leithner, Loimer, Bründlmayer.
Und aus dem Eck erklingt ein Retzl:
„Brav, Burschen, Ihr seids meine Spezl!“

„Beim heil’gen Urban“, so ein Knoll,
„aus Euch spricht Groll und Alkohol!

Harmonisiert, versöhnet Euch,
sonst heißt es allseits wieder gleich:

Steinfeder, Federspiel, Smaragd
sind alles, was der Mensch vertragt!"
„Ja", meldet sich ein Bodenstein,
„wir woll'n nicht ewig besser sein,

das bringt letztendlich lauter Neider."
„Stimmt!", haucht der Tattendorfer Schneider,
„jedoch von dir, mein Freund vom Prager,
ist ebenfalls das Lager mager . . ."

„Was rückt Ihr Euch so auf die Pelle?",
ätzt eine flache Halb-Bouteille,
„Ihr brächtet Euch am liebst um
und seid doch eigentlich nur dumm!"

Jetzt reicht es selbst dem Taubenschuß:
„Du Stifterl mit dem Schraubverschluß,
paß auf, daß ich dich nicht erwürg!"
„Jawohl, jawohl!", ruft da der Stürgkh.

„Das ist vielleicht ein Obertrottel!"
(Der Satz kommt, weil sich's reimt, vom Zottl.)
Und eine Flasche, vor'm Zerspringen,
zitiert den *Götz von Berlichingen.*

Drauf sinkt in Ohnmacht eine Mazza:
„O Gott, o gott, was für ein Patzer!"
Und mahnend konstatiert ein Reinisch:
„Herrschaften, Ihr seids ganz schön schweinisch!"

„Das paßt mir nicht", klagt auch der Zöhrer,
„so frech er ist, der Ruhestörer,
darf doch er, ohne lang zu fragen,
was ihm mißfällt, den andern sagen!"

„Wann der no amoi redt, setzt's Prügel!",
schnaubt ein Veltliner namens Nigl.
Und zischend schäumt der Sekt vom Malat:
„Dem g'hörts, daß man ihm ane knallert!"

So streitet man bei Tag, bei Nacht,
der eine schimpft, der zweite lacht,
dem dritten geht der Stoppel hoch
aus Kummer über die Mischpoche.

Ein jeder denkt beim andren Weinsaft
an Mißgunst und empfindet Feindschaft.
Denn wie der Rost entnervt den Spengler
(und Dürnsteins blauer Turm den Schwengler)

so lassen sie das ganze Jahr
am Nachbarwein kein gutes Haar.
Der Neid regiert und auch der Frust,
vom Alphart bis hinauf zum Lust.

Bis daß, vollkommen unerwartet,
im Frühjar eine Weinkost startet,
bei der die ganze Hauerschaft
sich delektiert am Traubensaft.

Man schlürft, genießt – kein Spott, kein Hohn;
der Aigner lobt den Salomon,
der wiederum hoffiert dem Hutter,
und alles ist, so scheint's, in Butter.

Man fühlt sich selbst als Konsument,
macht ein um's andre Kompliment
und überhäuft sich mit Lorbeeren
und überschüttet sich mit Ehren.

Bei so viel Lob und Anerkennung
neigt auch manch Fläschchen zur Versöhnung.
Kaum ist die Degustation zu Ende,
vollzieht sich die Gesinnungswende,

und eine Jamek-Flasche regt sich:
„Schau, schau, die Winzerschaft verträgt sich!
Es scheint, nur wir war'n all die Zeit
voll Zank und Streit und Eitelkeit."

Reumütig faßt sich an den Kopf
aus Straß die Magnum des Herrn Topf:

„Wenn ich mir's überleg, Freund Dolle,
sind Sie es, dem Respekt ich zolle!"

Worauf derselbe, bauchgepinselt,
verlegen in die Runde blinzelt:
„Das find ich schön, recht lieben Dank!
Ich mag Euch alle, durch die Bank."

Es singt ein Wienerlied der Schilling
(für'n „Augustin" hat er das Feeling),
den Landler singt (er ist kein Wiener)
dem Mantler sein Gewürztraminer,

ein fröhlich Summen, wie von Gelsen,
erklingt aus tausend Flaschenhälsen,
und leise zirpt der Wein vom Schmelz:
„Wir mög'n uns wieder, Gott vergelt's!"

Typologie der Weinkoster

Der „Unfehlbare“

Erwartungsfroh und gut gelaunt,
hat das Bouquet ihn erst verwirrt,
hat der Geschmack ihn baß erstaunt –
und er sich wiederum geirrt ...

Der Zerstreute

Er macht beim Wein sich stets Notizen,
„zwecks Nachvergleichs“, wie er verkündet.
Doch dürften sie ihm nicht viel nützen,
weil er sie später niemals findet …

Der Dampfplauderer

Kaum hält das Glas er in der Hand,
hat er zu reden angefangen,
und ehe es gefüllt zum Rand,
sind alle andern längst gegangen …

Der Nörgler

Mißmutig schnuppert er am Glas,
schreit angewidert: „Pfui, der stinkt!"
Dann kostet er – was ist denn das?
Der schmeckt ja! – Doch er schweigt und trinkt...

Der Besserwisser

Noch eh' er einen Schluck getrunken,
weiß er schon vorher alles immer.
In Wahrheit hat er, zeigt sein Unken,
von Weinen keinen blassen Schimmer …

Der Analytiker

Mit CO_2 und SO_4
beeindruckt er die Kosterrunde.
Doch auf die Frage: „Schmeckt er dir?“,
geht sein Bekenntnis vor die Hunde …

Der Vinophile

Für ihn gibt's nur die guten Weine,
am besten vier, fünf, sechs gemeinsam.
Die trinkt er dann, mit sich alleine,
und fühlt sich dennoch niemals einsam ...

Der Introvertierte

In sich gekehrt, gebeugt, geneigt,
als läg' er in den letzten Zügen,
nippt er am Wein – und, wie sich zeigt,
bereitet er ihm *doch* Vergnügen …

Der Unsichere

Auch wenn die Probe ihm nicht schmeckt –
ein lobend' Urteil der Experten
läßt ihn sofort, wenn auch versteckt,
den Wein mit zwanzig Punkten werten …

Der Prestige-Trinker

Beruflich äußerst engagiert,
kann er sich teure Weine leisten;
so kauft und kauft er, weil er spürt:
Genauso machen es die meisten …

Das Lästermaul

Er schimpft, stets in Kritik gebadet,
nimmt bloß auf eines nicht Bedacht:
Nicht er ist's, der den Weinen schadet –
der Wein ist's, der *ihn* fertigmacht ...

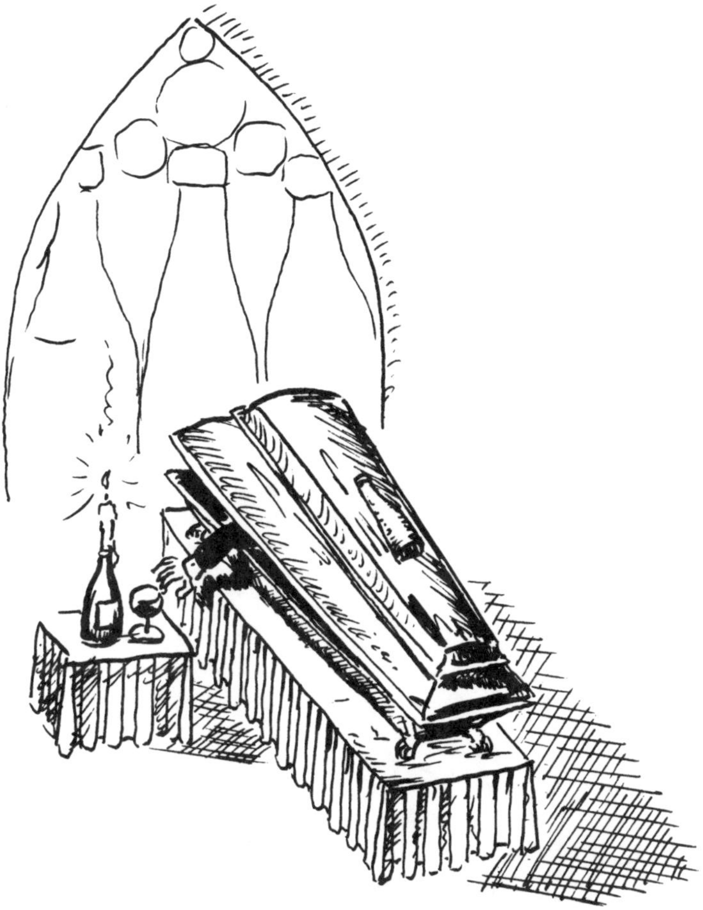

Der Vergeßliche

Er war sein Leben lang vergeßlich,
ließ alles rings um sich versinken;
nur eines war ihm unerläßlich:
nie zu vergessen auszutrinken . . .

Der Gesundheitsapostel

Der alte Mann sieht aus wie sechzig,
scheint rüstig, frisch, mit vollem Haare,
und meint: „Nie trink ich Wein, das rächt sich!
Drum werd ich heute vierzig Jahre ...“

Der Unehrliche

„Im Wein liegt Wahrheit“, sagt der eine,
kaum, daß er mit der Wimper zuckt.
Doch wenn er seine eignen Weine
hervorhebt, lügt er wie gedruckt . . .

Au wei!

Geht die Jugend auch vorbei,
ist mir, sei es wie es sei,
dieses ziemlich einerlei ...

Geht die Liebe dann vorbei,
bricht mir zwar das Herz entzwei,
doch es macht mich wieder frei ...

Ist die Schönheit erst vorbei,
helf ich meinem Konterfei
mit ein bißchen Heuchelei ...

Ist es mit der Völlerei
irgendwann einmal vorbei,
eß ich eben Haferbrei ...

Leiderfülltes Wehgeschrei
stimm ich dann erst an (au wei!),
ist es mit dem Wein vorbei ...

„Hommage“

Was trinken, an gedecktem Tische!?
Was paßt zu Fleisch und auch zum Fische,
zu den Gerichten allgemein?
Da fällt als einziges mir ein
der Wein.

Er mag uns immerfort geleiten,
Geburts- und Hochzeitstag begleiten,
die guten wie die schlechten Zeiten –
kurzum, zu allen Festlichkeiten
genießt man, um sich zu erfreu'n,
den Wein.

Beim Schmökern eines guten Buches,
beim Schäkern, frohgemuten Spruches,
beim Abschied und beim Wiedersehn –
da, wo die Menschen sich verstehn,
zieht es dieselben ungemein
zum Wein.

Selbst der Politiker frohlockt
(nachdem er stundenlange hockt,
weil die Verhandlung wieder stockt),
wenn es gelingt, die Hindernisse
durch akzeptable Kompromisse
auf raschem Wege zu zerstreu'n
mit Wein.

Stets sind wir mit dem Wein im Bunde
aus diesem oder jenem Grunde,
des tags, des nachts, zu jeder Stunde,
bei Regen und bei Sonnenschein –
da muß schon sehr viel Gutes sein
im Wein.

Empfehlenswerte Wein- und Gourmetmagazine:

Falstaff – Internationale Zeitschrift für Essen, Trinken und Reisen
(Falstaff-Verlags-GesmbH., Inkustraße 1-7/4/2, 3400 Klosterneuburg)

Vinaria – Österreichs führende Zeitschrift für Weinkultur
(NP, Gutenbergstraße 12, 3100 St.Pölten)

A La Carte – Das Magazin für Genießer
(D+R Verlag, Otto-Bauer-Gasse 6, 1060 Wien)

Alles über Wein – Zeitschrift für Weinkultur – Reisen – Gastronomie
(Woschek-Verlags-GmbH., Römheldstraße 34, D 55130 Mainz)

Vinum – Das internationale Weinmagazin
(Deutschland: Vinum Verlags-GmbH., Stadtwaldgürtel 73c, D 50935 Köln)
(Schweiz: Intervinum AG, Klosbachstraße 85, CH 8030 Zürich)

Von den gleichen Autoren sind bisher erschienen:

WEINBREVIER
Ein heiteres Büchlein
über den Wein
mit zahlreichen Bildern
von Gerhard Stein
Österr. Agrarverlag/Wien
ISBN 3-7040-1648-9

DAS ABC DER WEINSPRACHE
Ein Lexikon über die
Sprache vom Wein
mit heiteren Zeichnungen
von Gerhard Stein
Österr. Agrarverlag/Wien
ISBN 3 7040 1351 x

WEINKOST
Ein Büchlein aus der großen Welt
der Degustation von Wein
in amüsanter Art erzählt –
und illustriert von Gerhard Stein
Österr. Agrarverlag/Wien
ISBN 3-7040-1640-3

DER WEINKENNER
Der Weg zur Weinkennerschaft e.h. (ernst & heiter)
Wir tranken und schwätzten, und was fiel uns ein?
Ein weiteres, heiteres Büchlein vom Wein.
Der Text: Bernulf Bruckner,
das Bild: Gerhard Stein
Österr. Agrarverlag/Wien
ISBN 3-7040-1559-8

Zur Person

Bernulf Bruckner – Jahrgang 1944, Weinkenner und Publizist aus Passion – lebt, wirkt und „trinkt" in der malerischen Donaustadt Krems. Er ist verheiratet (zwei Kinder) und hauptberuflich damit beschäftigt, „anderen Menschen das Weingenießen schmackhaft zu machen".

Als Lehrbeauftragter an verschiedenen Institutionen, als Moderator und Kommentator zahlreicher Weindegustationen, sowie als Gutachter für die Schätzung des Verkehrswertes von Weinen, hat er – nach mehr als dreißigjähriger Tätigkeit in der Wirtschaft – nunmehr sein Hobby zum Beruf gemacht. Seine Seminare über Wein und Weinkultur haben dem edlen Rebensaft zweifellos ebenso viele neue Freunde erschlossen wie die bisher erschienenen Publikationen des Autors.

Gerhard Stein – Jahrgang 1947, verheiratet (drei Kinder), Zeichner köstlicher Polit- und sonstiger Karikaturen – lebt heute im nicht minder liebenswerten Weinstädtchen Langenlois. Seine Talente sind derart vielfältig, daß die zeichnerischen Ambitionen meist zu kurz kommen. Unaufhörlich zwischen Tonstudios, Fernseh- und Theaterproduktionen hin- und hergerissen, bedarf es immer wieder außergewöhnlicher Anreize (wie z.B. eines Fläschchens besonderen Weines), ihn zur Demonstration seiner illustrativen Fähigkeiten zu bewegen.

„Dann aber", wie es ein Journalist treffend formuliert hat, „vermittelt er mit seinen verschmitzten Zeichnungen eine bewundernswerte Spritzigkeit und das Bouquet, das man vom vorliegenden Buch erwartet".